# Vorwort

Kärnten: Land der Berge, Täler, Burgen, Schlösser und Seen. Was hier so idyllisch malerisch klingt und die Farben Blau und Grün geradewegs heraufbeschwört, ist seit Jahrtausenden ein Gebiet, das auch von Gräueltaten und Kriegen geprägt ist. Wenn wir an die Kelten, Römer, Slawen, Karolinger, Sponheimer und Habsburger denken, stellen wir uns romantischerweise keramikdrehende Hochkulturen mit Wissensinput vor. Doch nicht nur Amphoren, Grabstelen und Bildungsreformen dominieren die Historie. Immer schon ging es um die Akkumulation von Macht und Herrschaft. In Klagenfurt und rund um den Wörthersee sind die Erinnerungen an diese Zeiten allgegenwärtig. Seien es nun Schlösser, alte Kultstätten oder Exerzierplätze der Habsburger – Gäste im südlichsten Bundesland Österreichs dürfen sich auf eine interessante und vergnügliche Reise durch die Vergangenheit in die Gegenwart freuen. Das Heute wird bestimmt durch mediterranes Flair, eine lebendige Kultur und große Gastfreundschaft. Das Gebiet rund um den Wörthersee ist nicht nur von der bekannten Seeidylle geprägt. Wer hier urlaubt, darf weder Wanderschuhe noch Fahrrad vergessen. Das volle Wörthersee-Vergnügen führt über Stock und Stein, sanfte Wiesen und wunderbare Radwege. Und wer es lieber mit der Kultur als mit der Natur hält, kommt auch auf seine Kosten: Arkadenhofkonzerte, Open-Air-Kino, Wettlesungen und Freilufttheater.

Immer beinhaltet Geschriebenes auch den Blick des Betrachters. Ich bin stolz, über meine Heimat zu schreiben, wobei der Begriff Heimat immer zum Nachdenken einlädt. Lassen Sie sich mit mir auf mein Klagenfurt rund um den Wörthersee ein und verzeihen Sie mir, wenn manche Sehenswürdigkeit fehlt, die Sie in anderen Reiseführern finden. Dafür zeige ich Ihnen Orte, die nicht in der touristischen Auslage präsentiert werden und die Sie sonst nicht finden würden.

# 111 Orte

1 ___ Das Fresko | Ebenthal
*Göttin und Heros* | 10

2 ___ Suetschach | Feistritz im Rosental / Bistrica v Rožu
*Von Seifen, Teufeln und Büsten* | 12

3 ___ Die Autobahnkirche Dolina | Grafenstein-Dolina
*»Maria im Walde« auf der Autobahn* | 14

4 ___ Die Pfahlbauten | Keutschach / Hodiše
*Ackerbau im See* | 16

5 ___ Auf dem Pyramidenkogel | Keutschach / Hodiše
*Achterbahn mit Ausblick* | 18

6 ___ Die Spintik-Teiche | Keutschach / Hodiše
*Ein Kleinod im Wald* | 20

7 ___ Das 151er | Klagenfurt
*Schrebergarten à la carte* | 22

8 ___ Das 1938-Mahnmal | Klagenfurt
*Tatorte aus der NS-Vergangenheit* | 24

9 ___ Der Abenteuerspielplatz | Klagenfurt
*Kinder an die Macht* | 26

10 ___ Das alte Jesuitenseminar | Klagenfurt
*Die erste höhere Schule Klagenfurts* | 28

11 ___ Der Benediktinermarkt | Klagenfurt
*Knackige Früchtchen und junges Gemüse* | 30

12 ___ Der Botanische Garten | Klagenfurt
*Wie das Blumenbeet in den Bergbau kam* | 32

13 ___ Die Buchhandlung Heyn | Klagenfurt
*Wo Katzen Geschäfte machen* | 34

14 ___ Das Café Ingeborg | Klagenfurt
*»Hippies use side door«* | 36

15 ___ Das Cho-Cho-San | Klagenfurt
*Wo Kultur auf dem Tablett serviert wird* | 38

16 ___ Die Cookothek | Klagenfurt
*Ort der himmlischen Genüsse* | 40

17 ___ Das Dolce Vita | Klagenfurt
*Italien gegenüber dem Gefängnis* | 42

18 ___ Das Eboard-Museum | Klagenfurt
*Der Himmel für Fans elektronischer Musik* | 44

19\_\_\_ Die Elisabethinen-Apotheke | Klagenfurt
*Pharmazeutisches Museum der Königin von Neapel* | 46

20\_\_\_ Die Fliehburg Grazerkogel | Klagenfurt
*Zweitwohnsitz in gefährlichen Zeiten* | 48

21\_\_\_ Der Franzos | Klagenfurt
*Der kleine Napoleon* | 50

22\_\_\_ Der Friedelstrand | Klagenfurt
*Die Flaniermeile der Klagenfurter* | 52

23\_\_\_ Die Greißlerei Hradetzky | Klagenfurt
*Willkommen, Dobrodošli, Benvenuti in der Badgasse* | 54

24\_\_\_ Das Gutenberghaus | Klagenfurt
*Eulen über der Stadt* | 56

25\_\_\_ Der Hauptbahnhof | Klagenfurt
*Angeklagte und Kläger* | 58

26\_\_\_ Die Hypo | Klagenfurt
*Die Hybris von Geld und Architektur* | 60

27\_\_\_ Der jüdische Friedhof | Klagenfurt
*Die Zukunft hat eine lange Vergangenheit* | 62

28\_\_\_ Der Jugendstilpavillon | Klagenfurt
*Das kleinste Theater der Welt* | 64

29\_\_\_ Der Jüngling von Viktring | Klagenfurt
*Der Löwenbezwinger in der Klosterwand* | 66

30\_\_\_ Der Kolig-Saal | Klagenfurt
*Ein Skandal in Fortsetzung* | 68

31\_\_\_ Das Komponierhäuschen | Klagenfurt
*Gustav Mahlers Einsiedelei über dem Wörthersee* | 70

32\_\_\_ Der Kopf des Bäckerjungen | Klagenfurt
*Wie Klagenfurt zu seinem Namen kam* | 72

33\_\_\_ Das Koschat-Museum | Klagenfurt
*»Verlossn, verlossn wie a Stan auf da Stroßn«* | 74

34\_\_\_ Das Kreuzbergl | Klagenfurt
*Wie der Urwald zum Stadtwald wurde* | 76

35\_\_\_ Die Kulturradpfade | Klagenfurt
*Mit zwei Prozent durch die Landschaft* | 78

36\_\_\_ Der Kunstraum | Klagenfurt
*Beinbruch gegenüber der Galerie* | 80

37\_\_\_ Die Landschaftsapotheke | Klagenfurt
*Die Scheintote vom Alten Platz* | 82

38\_\_\_ Das Landwirtschaftsmuseum | Klagenfurt
*Der Bauer im Schloss Ehrental* | 84

39 —— Das Lapidarium | Klagenfurt
*Neues Leben in antiken Römersteinen* | 86

40 —— Der Lendhafen | Klagenfurt
*Die Lendspiele im Hafen* | 88

41 —— Der Lendkanal | Klagenfurt
*Eine historische Wasserstraße* | 90

42 —— Der Literaturwanderweg | Klagenfurt
*Auf den Spuren von Ingeborg Bachmann* | 92

43 —— Die Lorettokapelle | Klagenfurt
*Marienverehrung und Katastrophenszenarien* | 94

44 —— Die Löwen von Klagenfurt | Klagenfurt
*Die wahren Regenten der Stadt* | 96

45 —— Der Luftschutzbunker | Klagenfurt
*Ein Graffiti-Relikt aus dem Zweiten Weltkrieg* | 98

46 —— Die Museumstramway | Klagenfurt
*Eine Fahrt in die Vergangenheit* | 100

47 —— Das Musilhaus | Klagenfurt
*Der wohl bedeutendste Sohn der Stadt* | 102

48 —— Der Napoleonstadl | Klagenfurt
*Wo Napoleon seine Pferde abstellte* | 104

49 —— Der neue »Neue Platz« | Klagenfurt
*Der Architekt und der Drache* | 106

50 —— Der Nymphenbrunnen | Klagenfurt
*Labsal an heißen Sommertagen* | 108

51 —— Die Riesenköpfe | Klagenfurt
*Asyl für ungeliebte Kunstwerke* | 110

52 —— Der Schrottenturm | Klagenfurt
*Ein verhextes Industriedenkmal* | 112

53 —— Die Seewiese | Klagenfurt
*Bacchushügel über dem See* | 114

54 —— Der Spionerker | Klagenfurt
*Sehen und nicht gesehen werden* | 116

55 —— Der Stadtpfarrturm | Klagenfurt
*Wo Tote zum Leben erweckt werden* | 118

56 —— St. Egid | Klagenfurt
*Grußbotschaften aus dem Jenseits* | 120

57 —— St. Georgen am Sandhof | Klagenfurt
*Von der Beauty und dem römischen Reitersoldaten* | 122

58 —— Das Strandbad Loretto | Klagenfurt
*Badevergnügen wie in den 20er Jahren* | 124

59___ Die Thalia | Klagenfurt
*Schiff ahoi!* | 126

60___ Das Volxhaus | Klagenfurt
*Die Frankfurter Küche im kommunistischen Pressehaus* | 128

61___ Der Wappensaal | Klagenfurt
*Der Tizian aus Kärnten* | 130

62___ Die Wappensteine | Klagenfurt
*Das verloren gegangene Reich der Habsburger* | 132

63___ Die Wörthersee-Classics | Klagenfurt
*Musik-Romantik am See* | 134

64___ Der Zentralfriedhof | Klagenfurt
*Die letzte Terrasse* | 136

65___ Das Jagdschloss Mageregg | Klagenfurt
*Die Hirsche im Schloss* | 138

66___ Das Schloss Emmersdorf | Klagenfurt
*Der Psychiater und die »weiße Frau«* | 140

67___ Das Schloss Seltenheim | Klagenfurt
*Die Monster auf der Wiese* | 142

68___ Die Hollenburg | Köttmannsdorf/Kotmara vas
*Gott Amun wacht über das Rosental* | 144

69___ Der Gletschertopf | Krumpendorf
*Ein Kochtopf voll Eis* | 146

70___ Die Luther-Kirche | Krumpendorf
*Der protestantische Herr der Fliegen* | 148

71___ Der Meilenstein | Krumpendorf
*Badevergnügen der alten Römer* | 150

72___ Die Pfarrkirche Pirk | Krumpendorf
*Helfer aus 14 Nöten* | 152

73___ Das Maultasch-Kreuz | Launsdorf
*Der wilden Männin Steinbild* | 154

74___ Die Sitze im Turiawald | Ludmannsdorf/Bilčovs
*Vom Mirakel der Saligenfrauen* | 156

75___ Die Zikkurat-Drauwelle | Ludmannsdorf/Bilčovs
*Land-Art made in Kärnten* | 158

76___ Der Magdalensberg | Magdalensberg
*Antikenfälschung mit Geheimfach* | 160

77___ Das Prunnerkreuz | Maria Saal
*Wanderer tritt ein!* | 162

78___ Das Schloss Tanzenberg | Maria Saal
*Die Quittung des Ritters* | 164

79 —— Der Tonhof | Maria Saal
*Aufmarsch der Musik- und Literaturadeligen* | 166

80 —— Die Pfalzkirche | Maria Saal-Karnburg
*Kaiserliche Weihnachten* | 168

81 —— Der Hexenstein | Maria Wörth/Otok
*Eine Botschaft aus der Walpurgisnacht?* | 170

82 —— Die Winterkirche | Maria Wörth/Otok
*Die Plakatwand der Mönche* | 172

83 —— Die Arnulffeste | Moosburg
*Auf der kaiserlichen Ruine* | 174

84 —— Der Karner von Tigring | Moosburg
*Ein Geisterturm des Mittelalters* | 176

85 —— Der buddhistische Tempel | Poggersdorf
*Zen neben der Dorfkirche* | 178

86 —— Die Stadelfenster | Poggersdorf
*Historisches Kleinod am Kreuzerhof* | 180

87 —— Das Brahms-Denkmal | Pörtschach
*Rhapsodie der Sommerfrische* | 182

88 —— Die Gloriette | Pörtschach
*Zwei Tempelchen über dem Wörthersee* | 184

89 —— Das Lichtspieltheater | Pörtschach
*Jugendstil pur* | 186

90 —— Die Napoleonslinde | Pörtschach
*Schutzdach seit 1.000 Jahren* | 188

91 —— Das Oswaldikirchlein | Pörtschach
*Schweineschenkel im Weihrauch* | 190

92 —— Das Parkhotel | Pörtschach
*Das süße Leben des Graf Bobby* | 192

93 —— Die Steinbrüche | Pörtschach
*Marmor durch die rosa Brille* | 194

94 —— Werzer's Badehaus | Pörtschach
*Idylle in Weiß* | 196

95 —— Der Zocklwirt | Pörtschach
*Lust auf Deftiges?* | 198

96 —— Der Granit-GTI | Reifnitz/Ribnica
*Tage des Lärms* | 200

97 —— Sankt Anna am Zackel | Reifnitz/Ribnica
*Die Andacht mit Meerjungfrauen* | 202

98 —— Die Keltenwelt Frög | Rosegg/Rožek
*Das Geheimnis der 600 Gräber* | 204

**99** —— Das Labyrinth | Rosegg / Rožek
*Der Irrgarten hinter dem Schloss* | 206

**100** —— Der Kathreinkogel | Schiefling / Škofiče
*Zeitreise durch die Jahrtausende* | 208

**101** —— Der Forstsee | Techelsberg
*Ein pures Naturparadies* | 210

**102** —— Das Haubentaucher-Schilf | Techelsberg
*Das Leben am Ufer und unter Wasser* | 212

**103** —— Das Schaukraftwerk | Techelsberg
*Jugendstil und Strom* | 214

**104** —— Das Tschahonig Kreuz | Techelsberg
*Wegkreuz zum Himmel* | 216

**105** —— Augsdorf / Loga vas | Velden / Vrba na Koroškem
*Die kleine Andacht über dem Wörthersee* | 218

**106** —— Die Feidigs Keusche | Velden / Vrba na Koroškem
*Das Knusperhäuschen am Moorsee* | 220

**107** —— Die MS Windsor | Velden / Vrba na Koroškem
*Mondscheinfahrten und Piratenreisen* | 222

**108** —— Die Schalensteine | Velden / Vrba na Koroškem
*Cupcake-Backformen der Kelten* | 224

**109** —— Das Seeschlössl | Velden / Vrba na Koroškem
*Das beste Katerfrühstück nach der Fête Blanche* | 226

**110** —— Das Schloss Damtschach | Wernberg
*Lustwandeln im Park* | 228

**111** —— Der schwarze Christus | Wernberg
*Krankenheilung durch Handauflegung* | 230

# 1___Das Fresko

*Göttin und Heros*

Die Pfarrkirche des heiligen Lambert auf dem Radsberg ist von Klagenfurt aus leicht mit dem Rad, wie der Name schon andeutet, zu erreichen. Das Berglein mit seinen 748 Metern verdient es eher, als Hügel bezeichnet zu werden.

Der spätgotische Bau aus dem 16. Jahrhundert ist von einem Friedhof umgeben. Die romanischen Mauerreste nordseitig sind kunsthistorisch umstritten. Abgesehen vom bezaubernden Blick auf Klagenfurt erwartet den Besucher ein wahres Kleinod im Inneren der Kirche: die Schlangenfrau vom Radsberg. Sie ist die klassische Frau auf den zweiten Blick. Wie das gemeint ist? 1900 wurde unter dem Verputz ein Fresko entdeckt, das sich in die Riege der Weltgerichtsbilder aus Kärnten einreihen lässt. Zunächst wurde es als enttäuschende »Jüngstes-Gericht-Pinselei« aus dem 16. Jahrhundert abgetan. Für den oberflächlichen Betrachter wäre die Sache abgehakt, wäre da nicht rechts vom Fresko eine Frau im weiten langen Rock – auf dem Kopf Lorbeerkranz mit Kreuz, in der Hand einen Apfel, zwei Schlangen saugen an ihren Brüsten, eine nähert sich von unten, neben ihr ein Knabe. Da sich Adam und Eva erst nach dem Sündenfall bekleideten, zeigt der Apfel, dass sie bereits vom Baum der Erkenntnis genascht haben. Die gängige Theorie: Hier wird die Versuchung der Menschen seit der Erbsünde, das Bestrafen der Wollust gezeigt.

Gräbt man eine Schicht tiefer, verhält es sich aber möglicherweise anders. In den matriarchalen Mythen wird die Frau als dreifaltige Göttin symbolisiert – zunehmender, voller und abnehmender Mond. In der Gestalt des Mädchens, der Frau, der Greisin, die über Himmel, Erde und Unterwelt wacht. Der Heros als Samenspender ist ihr Trabant. Durch sie erfährt er sein Schicksal: Geburt, Initiation, Heilige Hochzeit, die Todesreise durch die Unterwelt und die glückliche Wiedergeburt. Die Göttin bleibt unsterblich und erweckt ihn immer aufs Neue zum Leben.

**Adresse** Radsberg 1, 9065 Ebenthal | **ÖPNV** vom Hauptbahnhof Klagenfurt mit
Bus 5352 bis Haltestelle Radsberg Ort | **Anfahrt** von der A 2 die Abfahrt Grafenstein
nehmen und Richtung Grafenstein bis zur Abzweigung Mieger fahren, links bis Kreuth,
hier wieder links zum Radsberg | **Öffnungszeiten** 8 – 18 Uhr, Tel. +43 (0)463/740237 |
**Tipp** Am Weg zurück über Ebenthal zahlt sich ein Besuch bei der Kirche in Gurnitz aus,
und das Bier im alten Brauhof ist auch zu empfehlen.

# 2__ Suetschach

*Von Seifen, Teufeln und Büsten*

In Suetschach ob Velden im Rosental erzeugen, verpacken und verkaufen zwei Schwestern, mit dem passenden Nachnamen Weiss, neuerdings Seifen. Sie haben ihre gemeinsame Leidenschaft, ihr Hobby zum Beruf gemacht. Seife ist nicht gleich Seife, und so steht hinter diesen Produkten eine bestimmte Philosophie. Statt synthetischer Duftstoffe werden hier ätherische Öle verwendet, nach dem Sieden ruhen die Produkte wochenlang und verwandeln sich schließlich in handgefertigte Naturseifen auf pflanzlicher Basis. Der Level der Reinheits- und Pflegemaßstäbe ist hoch. Die ehemalige Bäckerei in Suetschach Nummer 35 ist der Ort des Schaffens. Wie damals wird auch heute jedes Stück handgefertigt. Neben dem fixen Sortiment, das schon beim Lesen der Beschreibungen seinen Duft von Lavendel, Zitrone, Rose, Kokos, Rosmarin, Ringelblume entfaltet, werden auch immer wieder neue Pflanzen, wie Hanf oder Kaffee, ausprobiert.

1974 verlegte der berühmte slowenische Bildhauer France Gorše seinen Wohnsitz nach Suetschach und schuf hinter der Pfarrkirche sein eigenes Atelier mit Galerie. In einem alten Bauernhaus, seinem Wohnsitz, eröffnete er sein neues Studio, wo er die Dauerausstellung seiner Werke einrichtete. Den Garten vor seiner Wirkungsstätte verwandelte er in einen einzigartigen Kulturpark. Unter den Büsten wichtiger kultureller Persönlichkeiten Kärntens und Sloweniens befindet sich auch sein eindrucksvolles Selbstporträt.

Außerdem ist der Ort Suetschach berühmt für das »Tor zur Hölle«: Im »Haus des Teufels«, dem Weisitschhaus, war ehemals das Krampusmuseum untergebracht. Heute erinnern nur noch die Teufelsfratzen an der Hausmauer an das Brauchtumsmuseum. Das Gegenstück zur Hölle, die katholische Pfarrkirche am südlichen Ortsrand, wurde urkundlich 1364 erstmals erwähnt. Zur Zeit des Barock sowie um 1900 wurden Veränderungen vorgenommen, der Zwiebelhelm stammt aus dem Jahr 1861.

**Adresse** Seiferei Weiss, Suetschach / Sveče 38, 9181 Feistritz im Rosental | **ÖPNV** vom Hauptbahnhof Klagenfurt mit Bus 5327 nach Kirschentheuer, weiter mit Bus 5325 nach Suetschach | **Anfahrt** Abfahrt Velden West von der A 2 Richtung Villach, Abzweigung Rosegg, Richtung Feistritz im Rosental | **Öffnungszeiten** Seiferei Do 17.30 – 18.30 Uhr | **Tipp** In der Gemeinde Feistritz befindet sich etwas abseits südlich des Ortes auf einer Anhöhe die Kapelle zum Heiligen Kreuz, die auch »Todesangstkapelle« genannt wird.

# 3 Die Autobahnkirche Dolina

*»Maria im Walde« auf der Autobahn*

Im Juni 1849 hatten drei Kinder im Wald der kleinen Ortschaft Dolina eine Marienerscheinung. Zum Gedenken an dieses Ereignis wurde hier ein hölzernes Kapellchen erbaut. Jahre danach entstand an dessen Stelle eine Gedenkkirche, obwohl die Marienerscheinung kirchlich nie anerkannt wurde. Trotzdem wurde »Maria im Walde« von der Amtskirche genehmigt und mit den Spenden der Wallfahrer errichtet. 1889 stürzte bei einem verheerenden Sturm der Turm auf das Gotteshaus und zerstörte es vollkommen, erst 1957 wurde es wiederaufgebaut. Mit dem Ausbau der Südautobahn 1987 wurde das Gebäude renoviert und ist heute Österreichs älteste Autobahnkirche.

Der Bau zeigt sich heute als nachhaltig moderner Komplex, der in seinem Inneren eindrucksvoll gestaltet ist. Die beiden Rundfenster von Giselbert Hoke mit ihren Blumen sind als Lobpreisung der göttlichen Schöpfung zu sehen. Das Sienarot des Kircheninnenraumes geht auf den Kärntner Künstler Johannes Zechner zurück. Das Rot soll, verstärkt durch die Intensität des Lichtes, das durch die Mauerschlitze ins Innere einfällt, ein durch die göttliche Gnade gestiftetes Gefühl der Vertrautheit und der absoluten Geborgenheit vermitteln.

Am Hochaltar wurde ein älteres Gemälde der Marienerscheinung von 1906 des slowenischen Malers Peter Markovic angebracht. In der rechten Bogennische des Kirchenschiffes steht eine gotische Marienstatue, »die schöne Madonna« aus den Jahren um 1420. Auf einem der südlichen Fenster im Hauptschiff ist in acht Sprachen folgender Vers des Gradeser Dichters Baccio Marin zu lesen: »Der Wind der Ewigkeit wird stärker.« Dieser Sinnspruch korrespondiert mit der Gedenkstätte für die Verkehrstoten unter dem Fenster außerhalb der Kirche.

Die dunkle Klagemauer aus Beton, die das Portal umgibt, steht für die Autobahn und die Menschen, die darauf unterwegs sind.

**Adresse** 9131 Grafenstein-Dolina | **ÖPNV** vom Hauptbahnhof Klagenfurt mit Bus 5396 bis Haltestelle Poggersdorf Dolina | **Anfahrt** von der A 2 die Abfahrt Grafenstein nehmen und Richtung Völkermarkt bis zur Abzweigung Dolina fahren | **Öffnungszeiten** täglich 7.30–20 Uhr | **Tipp** Zum Todestag der seligen Hildegard von Stein wird in Unterkärnten am ersten Sonntag im Feber das Fest des Brot(Strietzel)werfens gefeiert. Nicht weit von Dolina entfernt liegt die Gemeinde Stein, in der dieser Brauch besonders tief verankert ist.

# 4__ Die Pfahlbauten

*Ackerbau im See*

Wenn man gedankenverloren auf den grün schillernden Keutschachersee schaut, ahnt man nicht, was sich unter der Wasseroberfläche verbirgt. Ein wahrer Schatz aus der Jungsteinzeit! 1864 war das Jahr der archäologischen Sensation in Keutschach. Damals wurden inmitten des Sees auf einer ovalen Untiefe, 1,5 Meter unter der Wasseroberfläche, prähistorische Pfahlbauten gefunden. Urgeschichtliche Siedlungen wurden meistens am Uferrand gebaut, somit gilt der Fund inmitten des Sees als einzige echte prähistorische Inselsiedlung Österreichs. Es handelt sich um 1.600 Pfahlreste mehrerer, in Schichten übereinanderliegender Siedlungen. Die darauf erbauten Hütten wurden circa 200 Jahre lang bewohnt, bevor der Wasserspiegel stieg und die Insel versank. Die Siedlung wurde am Beginn der Kupferzeit, um 4000 vor Christus, errichtet, somit sind dies die ältesten bekannten Pfahlbauten Österreichs. Die Bewohner waren nicht nur Fischer und Jäger. Wie aus Funden hervorgeht, lebten dort auch Viehzüchter und Ackerbauern. Mehrere Reib- und Mahlsteine zum Zerkleinern des Getreides und einige Hacken aus Hirschgeweihen weisen darauf hin. Seit 1953 stehen die Pfahlbauten unter Denkmalschutz. Im Jahr 2011 wurden sie in die Liste des UNESCO-Weltkulturerbes aufgenommen. Somit stehen sie in ihrer archäologischen Bedeutung auf einer Stufe mit Stonehenge oder den Pyramiden.

In den nächsten Jahren wird ein Pfahlbau-Museumsdorf realisiert.

In unmittelbarer Nähe zum See befindet sich auf der südlichen Außenmauer der Keutschacher Kirche ein über die Grenzen hinaus berühmter Ritzstein. Wer sich die darauf dargestellte Figur ansieht, wird sie vielleicht mit einem Strichmännchen vergleichen. Die Wissenschaft ist sich über den Ursprung des Steines noch immer nicht einig. Auf dem ehemaligen Kirchenfriedhof befindet sich eine imposante romanisch-gotische Totenleuchte, die als die älteste in Österreich gilt.

**Adresse** Orientierungstafel am Gemeindeamt Keutschach / Hodiše, 9074 Keutschach / Hodiše, Tel. +43 (0)699/19276074 (Frau Dr. Maier) | **ÖPNV** vom Hauptbahnhof Klagenfurt mit Bus 5327 nach Kirschentheuer, weiter mit Bus 5325 nach Keutschach | **Anfahrt** Abfahrt Klagenfurt Minimundus von der A 2 Richtung Maria Wörth, Abzweigung in Reifnitz nach Keutschach, beim Kreisverkehr in den Ort | **Tipp** Das Südufer des Keutschacher Sees ist ein durchgehendes FKK-Gelände mit einer unerwartet reichen Infrastruktur. Hier können Sie nackt alles unternehmen, was herkömmlich bekleideten Badegästen vorbehalten ist.

# 5 Auf dem Pyramidenkogel

*Achterbahn mit Ausblick*

Das Korsett der süditalienischen Filmikone Sophia Loren war das Vorbild für die Form des Turms auf dem Pyramidenkogel. Schöne Aussichten dürfen also bei diesem Ausflug in luftige Höhen erwartet werden.

Der elegant gebogene Turm, südlich von Reifnitz am Wörthersee, ist weltweit der höchste Holzaussichtsturm – mit der »längsten Rutsche Europas«. 100 Meter hoch windet sich diese beachtliche Konstruktion und gilt sicher als die eigentliche Attraktion des Gebildes.

1968 wurde auf dem 851 Meter hohen Kogel, der möglicherweise ein ehemaliger Tumulus ist, südwestlich von Maria Wörth ein knapp 60 Meter hoher Aussichtsturm mit Gastwirtschaft errichtet. Das großartige Panorama haben viele Kinder Kärntens auf Schulausflügen oder mit der Familie, unabhängig vom Ansturm der Touristen aus unterschiedlichen Ländern, genossen. Abgesehen davon war dieser Turm anno dazumal eine der beliebtesten Stätten für Selbstmörder. Von dem heutigen Turm ist ein Suizid nicht mehr möglich. Feste Gitter hindern Lebensmüde am Sprung in die Tiefe.

Mit seiner kreativen Architektur geht das Gebäude weit über seine ursprüngliche Funktion als Wahrzeichen Kärntens hinaus und hat inzwischen überregionale Bedeutung erlangt. Selbstverständlich wurde hier mit Produkten ansässiger Anbieter gearbeitet. Symbolisch betrachtet steht die nach oben gedrehte Spirale für Aufbau und Weiterkommen, eröffnet wurde sie im Jahr 2013.

Der Treppenaufstieg gestattet dem Besucher auf den drei Aussichtsebenen einen sagenhaften 360-Grad-Panoramablick auf den Alpe-Adria-Raum und die Seenlandschaft Kärntens. Der Lift bietet eine rauschhafte Fahrt in eine Höhe von 70 Metern – sofern er nicht stecken bleibt. Über diese Anfangsschwierigkeiten kann getrost hinweggesehen werden, was Lift-Phobikern sicher Freude bereitet. Hinunter geht es rasant, aus 52,5 Metern Höhe in die Tiefe.

**Adresse** Linden 62, 9074 Keutschach, www.pyramidenkogel.info | **ÖPNV** von der Haltestelle Klagenfurt Messe mit Bus 5316 nach Linden | **Anfahrt** Abfahrt Klagenfurt Minimundus von der A 2 Richtung Maria Wörth, Abzweigung in Reifnitz Richtung Keutschach zum Pyramidenkogel | **Tipp** Wer zur Aussicht auch noch Gastlichkeit will, sollte etwas unterhalb der Holzkonstruktion nahe Keutschach im Karawankenhof einkehren und das Bergpanorama bewundern.

# 6___ Die Spintik-Teiche

*Ein Kleinod im Wald*

Wer eine märchenhafte Landschaft erleben will, dem sei ein Ausflug zu den beiden Spintik-Teichen empfohlen, die auf einem Höhenrücken, dem Schrottkogel, hinter dem Wörthersee liegen. Nicht umsonst steht das Gebiet von 79,5 Hektar Größe seit 1959 unter Naturschutz. Das Kernstück sind die Teiche, an deren Ufer sich Schwarzerlen befinden. An einem so idyllischen Fleck erwartet man blaues, grünes oder türkis schillerndes Wasser – und nicht tiefbraunes. Das liegt an der moorigen Umgebung der Teiche.

Im Sommer erwärmt sich das Wasser schon im April auf 20 Grad Celsius. Im Winter lädt die dicke Eisdecke zum Schlittschuhlaufen ein. Die romantischen Wald- und Moorlandschaften sind reich an einer Vielzahl interessanter Pflanzen, die angenehmerweise auf Schautafeln erklärt werden. Das Wasser ist reich an Leben: Karpfen, Rotaugen, Karauschen, Rotfedern, Waller, Schleien, Zander und Hechte. Steinkrebse kommen im unteren Teich vor. In Ufernähe brüten Stockenten. Zwischen vereinzelten Seerosen finden sich Tausendblatt, Laichkräuter und fleischfressende Wasserschläuche. Es gibt außerdem Panzergeißel-, Blau-, Gold- und Zieralgen. Am Ufer wächst ein zarter Schilfgürtel, und im Sommer duftet es nach Pfefferminze.

Da die Teiche ringsum mit Wäldern, Wiesen, Feldern und Mooren umgeben sind, sind sie nur zu Fuß über die Waldwege erreichbar. Der kleine Teich, mit einer Größe von 1,68 Hektar und einer maximalen Wassertiefe von 2,5 Metern, ist in Privatbesitz. Im großen Teich, mit einer Größe von 7,6 Hektar und einer maximalen Wassertiefe von vier Metern, kann man schwimmen, was auch Hunden erlaubt ist. Unter dem Mischwald finden sich schattige Angelplätze. Es ist eine idyllische Teich- und Moorlandschaft, in der man sich von der Hektik der Stadt und des Alltags ausruhen kann. Ein Platz zum Träumen, Genießen oder auch, um ein Picknick zu machen.

**Adresse** 9074 Keutschach | **ÖPNV** vom Hauptbahnhof Klagenfurt mit Bus 5316 bis Haltestelle Höflein/Rauschelesee, weiter zu Fuß 20 Minuten zu den Teichen | **Anfahrt** Abfahrt Klagenfurt Minimundus von der A 2 Richtung Maria Wörth, Abzweigung Helmut-Horten-Straße nach Sekirn, Abzweigung Mühlenweg bis zu den Teichen | **Tipp** Wer im Winter im Klagenfurter Seengebiet unterwegs ist, kommt am Eislaufparadies Rauschelesee nicht vorbei. Hier tummeln sich dann keine Campingurlauber, sondern Eishockeyspieler und elegant schlittschuhlaufende Paare mit ihren Kindern.

# 7 Das 151er

*Schrebergarten à la carte*

Seinen Namen hat das legendäre Szenelokal Bistro 151 vom Haus-
nummernschild übernommen. Das ist aber nicht das Einzige, was in
diesem Lokal originell ist.

Hält man am Höhenweg mit besagter Hausnummer – im Süden
Klagenfurts – und hat auch noch das Glück, einen Parkplatz zu finden, muss man zuerst wie Alice im Wunderland einen verwunsche-
nen Garten durchqueren. Die Kerzen in den Leuchtern funkeln, die
Tücher wehen im Wind. Kein Tisch, kein Stuhl passt hier zusammen, über allem liegt ein morbider Charme. Spielt auch noch jemand
am ungestimmten Klavier, das seine Patina nicht nur vom Wachs der
Kerzen hat, ist die surreale Stimmung perfekt. Ein wenig erinnert
es hier heraußen an einen Kindergeburtstag, bei dem die Eltern sich
nicht entscheiden konnten, welchen Wunsch sie ihrem Sprössling
erfüllen sollen: Ali Baba und die 40 Räuber, ein Ausflug ins Prin-
zessinnenzimmer im Disneyland, Geburtstagsparty in Opas Schrebergarten, eine Manege mit wilden Tieren, ein Schlosspark oder ein
kuscheliges Wohnzimmer im Freien. Alles ist hier möglich. Drinnen
setzt sich der Eindruck fort. Wenn es kalt geworden ist und die Ba-
de-Touristen den Wörthersee verlassen haben, setzt der elektrische
Kamin dem heimeligen Gefühl noch eins drauf. Ein wenig Hütten-
romantik schleicht sich ein. Auch wenn die Tische hier stilvoll gedeckt sind, erinnert die Menschenmenge um die gut bestückte Bar
ans Après-Ski-Vergnügen in Nobelorten.

Nachdem es Heinz Piber und Mischa Bauer gelungen ist, den
Haubenkoch Jürgen Streit nach Jahren wieder zurück an den Herd
zu lotsen, wird sehr gut gespeist – von den Klassikern bis zu den
aktuellen saisonalen Köstlichkeiten. An den Wänden hängen Bilder zeitgenössischer Künstler, und immer wieder einmal legt ein
bekannter DJ auf. Das Personal kennt seine Gäste. Es herrscht eine
angenehme Stimmung, bei der es sich gut essen, trinken und plau-
dern lässt.

**Adresse** Höhenweg 151, 9020 Klagenfurt | **ÖPNV** vom Heiligengeistplatz mit Bus 80 oder 81 bis Haltestelle Hotel Rösch | **Anfahrt** Abfahrt Minimundus von der A 2 Richtung Südring, Kreuzung Südring / Höhenweg | **Öffnungszeiten** Mo – Sa 18 – 1 Uhr | **Tipp** Ein Stück weiter führt die Straße die Maiernigalm hinauf. Hier haben Sie einen außergewöhnlichen Blick auf das Ost- und Nordufer des Wörthersees und finden ausgedehnte Wanderwege.

# 8_ Das 1938-Mahnmal

*Tatorte aus der NS-Vergangenheit*

Zum 50-jährigen Gedenken an den Anschluss Österreichs an das nationalsozialistische Deutschland wurde dieses Denkmal im Gedenkjahr 1988 auf dem Campus der Uni Klagenfurt/Celovec rechts neben dem Haupteingang aufgestellt. Es zeigt ein bronzenes ineinander verschlungenes Liebespaar, das von einem Marmorblock mit der spiegelverkehrten Aufschrift »1938« erdrückt wird. Das Kunstwerk des Bildhauers Rudolf Peyer wird als Mahnmal verstanden.

Es sind Denkmale wie Skulpturen, Tafeln und Gedenksteine, die Erinnerungen an historische Begebenheiten in den Köpfen der Menschen nicht verblassen lassen. Mit dieser Bronze-Marmor-Plastik soll das Gedenken an die Opfer der beiden Weltkriege erhalten bleiben und zu Versöhnung und Frieden gemahnt werden. Es verweist auf das Jahr 1938 als Anfang einer siebenjährigen Knechtschaft, als Beginn der Verfolgung, der Unterdrückung, Demütigung und der Vernichtung zahlreicher Opfer. Im Nationalsozialismus wurden unterschiedliche Menschengruppen verfolgt, gefangen genommen, zu schwerster Arbeit gezwungen, gequält und getötet. Wer nach dem Verständnis der Nazis einer anderen »Rasse«, wie Sinti, Roma und Juden, angehörte, wer ein politischer Gegner war wie die Sozialisten, Kommunisten, Anarchisten oder Pazifisten, eine homosexuelle Orientierung besaß, als »asozial« eingestuft wurde wie Obdachlose, Landstreicher und Alkoholkranke, wer als geistig oder körperlich krank angesehen wurde oder eine Behinderung aufwies, sich gegen das Naziregime wehrte oder dieses bekämpfte, Pfarrer, Richter oder Slowene war, Künstler, Schriftsteller, Maler, Bildhauer, Musiker, deren Werke zu politisch waren oder dem tonangebenden Geschmack der Nationalsozialisten nicht entsprachen, und andere Bedauernswerte hatten wenig bis keine Chance, diese Schreckensherrschaft zu überleben.

Dieses Kunstwerk ist ein Mahnmal gegen den Krieg und den Faschismus, das sich aller Opfer erinnert.

**Adresse** Universitätsstraße 65–67, 9020 Klagenfurt | **ÖPNV** ab Heiligengeistplatz mit Bus 81 bis zur Endstation | **Anfahrt** Abfahrt Wörthersee, den Hinweisschildern in Richtung Universität folgen | **Tipp** Im Vorgarten der Psychiatrie im Klinikum befindet sich ein Mahnmal aus Krastaler Marmor für die Opfer der Euthanasie während der NS-Zeit vom Kärntner Bildhauer Max Gangl mit dem Titel »Die Trauernde«.

# 9 Der Abenteuerspielplatz

*Kinder an die Macht*

Dieser moderne und kindergerechte Erlebnisspielplatz im Europapark wartet mit seiner Gesamtfläche von 11.000 Quadratmetern auf unternehmungslustige Kids. An über 30 unterschiedlichen Spielgeräten können die unerschrockenen Kleinen hier ihre Kraft und Geschicklichkeit erproben. Auf der 230 Quadratmeter großen Wasserspielfläche tummeln sich nicht nur die Sprösslinge, sondern die ganze Familie.

Dieses perfekte Kinderfreizeitparadies wurde nach soziologisch-pädagogischen Grundsätzen geplant und barrierefrei gebaut. Sehens- und begehenswert ist die abgerundete Pflasterung für die kleinen Kinderfüße. Bequem sind die Rundsteine zum Sitzen, herausfordernd hingegen zum Klettern. Für die etwas größeren Besucher eignen sich der Klettergarten mit Geschicklichkeitsspielen und die Slackline-Zone. Slacken ist eine bei den Jugendlichen beliebte Trendsportart. Auf einem Schlauch- oder Gurtband, das zwischen zwei Befestigungspunkten gespannt ist, übt man zu balancieren. Hierbei geht es um das Zusammenspiel aus Konzentration, Balance und Koordination, die Kinder und Teens müssen durch ihre Eigenbewegung das Schlingern des Bandes ausgleichen.

Spielplätze sind nicht nur Orte der Kreativität, sie sind auch Orte des Lernens. Dazu ist auch der Wasserspielpark bestens geeignet. Spaß verbindet sich hier mit Herausforderung. Interessant ist auch die Gatsch-Zone, in der sich nicht nur die Kleinsten austoben können. Im Familien-Erlebnispark wurde an jede Altersklasse gedacht. Themen wie Bewegung, Geschicklichkeit, Kennenlernen sowie Auseinandersetzung mit unterschiedlichen Elementen, Körpererfahrung, Rollenspiel und Anregung der Phantasie dominieren diesen Outdoor-Vergnügungsspielplatz. Seine günstige Lage in direkter Nachbarschaft zum Strandbad und zum Adventure Minigolfplatz, inmitten der größten Parkanlage der Stadt, macht ihn zum meistfrequentierten Spielplatz Kärntens.

**Adresse** Europapark, 9020 Klagenfurt | **ÖPNV** vom Heiligengeistplatz mit Bus 10 bis Haltestelle Minimundus | **Anfahrt** Abfahrt Minimundus von der A 2, weiter zum Parkplatz Minimundus | **Tipp** Beim Parkplatz Minimundus findet sich neben dem Planetarium die Heimstätte von Spinnen, Schlangen, Sauriern und Piranhas. Der Reptilienzoo Happ ist einen Besuch wert.

# 10 Das alte Jesuitenseminar

## Die erste höhere Schule Klagenfurts

Gegenüber dem Dom liegt dieses geschichtsträchtige Gebäude mit dem schönen romantischen Innenhof. Um 1600 wurde es erbaut und war bis zur Aufhebung des Ordens in Besitz der Jesuiten. Erzherzog Ferdinand berief die Mönche 1604 nach Klagenfurt, um ein Seminar einzurichten. Man nannte es »Convictsgebäude« oder Seminarhaus. Eine Gedenktafel an der Mauer zur Karfreitstraße zeigt einen knienden Ignatius von Loyola mit der Inschrift »1668 – Seminarium S. P. Ignatii societatis Jesu Fundatoris« und verweist auf den Wiederaufbau nach einem der großen Brände des Jahrhunderts. Die Aufhebung des Ordens 1773 beendete eine über 100-jährige Tradition des Jesuitenseminars.

Es gibt eine Legende, nach der es eine unterirdische Verbindung des Jesuitenseminars mit der Domkirche gibt. Man nannte diesen Tunnel den »Fluchtweg der Mönche«. Außerdem soll dort der sagenhaft große Schatz der Jesuiten verborgen sein, der trotz großer Anstrengung nie gefunden wurde.

Das ehemalige Konviktgebäude wurde 1786 für 6.350 Gulden an einen Bierbrauer und Gastwirtssohn versteigert. Dabei wurde eine reichhaltige Bibliothek mit verbotenen Werken von Macchiavelli, Luther, Melanchton, Swift und Savonarola gefunden. Die neuen Besitzer betrieben einen Gasthof und eine Kolonialwarenhandlung im Haus Lidmanskygasse 8. Der hofseitige Laubengang wurde von den Erben verglast. 1926 wechselte das Gebäude nach 140 Jahren abermals den Besitzer und wurde zu einem Einkehr- und Pferdegasthof mit Fremdenzimmern umgestaltet. Die Weltkriege gingen auch an diesem Haus nicht spurlos vorbei. Obwohl es zerbombt wurde, arbeitete man in der Gastwirtschaft ohne Unterbrechung. Im Zuge der Altstadtsanierung 1975 bekam das Haus einen zweiten Stock mit Wohnungen. Der Arkadenhof mit seinen Bogengängen wurde von den damaligen Besitzern, der Familie König, privat, ohne Zutun der Stadt, revitalisiert.

**Adresse** Lidmanskygasse 8, 9020 Klagenfurt | **ÖPNV** vom Bahnhof oder vom Heiligen-geistplatz mit Bus 81 bis Haltestelle Landesregierung | **Anfahrt** Parkplatz Waagplatz nutzen und dann zu Fuß über den Neuen Platz in Richtung Karfreitstraße | **Öffnungs-zeiten** der Innenhof ist immer geöffnet | **Tipp** Gegenüber vom »Goldenen Brunnen« befindet sich die Domkirche mit den schönsten Deckenfresken der Stadt.

# 11 Der Benediktinermarkt

*Knackige Früchtchen und junges Gemüse*

Klagenfurts Marktplatz, früher Herzogplatz genannt, verdankt seinen Namen der dahinterliegenden Benediktinerkirche. Seine bunte Farbigkeit und Vielfältigkeit ist absolut sehenswert, donnerstags und samstags ist hier Markttag. Gemüse, Früchte, Honig, Fleisch, Brot, Reindling, Käse, Eier, Wurst, Fisch und Geflügel werden neben Blumen, Gemüsepflanzen und Gewürzen angeboten. Der Donnerstag ist zielorientierten Hausfrauen, ernährungsbewussten Hausmännern und kreativen Restaurantbesitzern vorbehalten, während sich am Samstagvormittag die ganze Stadt hier trifft.

Der Einkauf ist mehr gesellschaftliches Highlight als notwendige Nahrungsbeschaffung. Vor der überdachten Halle im Norden wird frisch Ausgekochtes angeboten oder bei einem Glas Prosecco auf das Wochenende angestoßen. Die Marktfahrer kommen jetzt nicht mehr nur aus der näheren Umgebung. Auf dem Benediktinermarkt trifft sich neuerdings die Welt. Italien, Slowenien sowie viele Täler und Berge Kärntens sind hier mit ihren kulinarischen Schätzen vertreten. An den übrigen Tagen sind »nur« die Halle und die überdachten Stände geöffnet.

Mitten auf dem Platz ist das Klagenfurter Marktrichter-Schwert angebracht. Es symbolisiert die Marktordnung und Marktfreiheit und wurde im 18. Jahrhundert hergestellt.

Seit 1988 steht auf der Westseite des Platzes der »Steinerne Fischer«. Er ist das Wahrzeichen des bis 1925 auf dem Heiligengeistplatz abgehaltenen Fischmarktes. Die Grauschieferstatue aus dem Jahr 1606 mahnt an die Einhaltung der Marktordnung. Die Sage erzählt von einem Wörtherseefischer, der seine Ware auf dem Markt anbot. Einer Frau, die die Richtigkeit der Anzeige seiner Waage anzweifelte, schwor der Fischer: »Zu Stein soll ich werden, wenn ich falsch gewogen habe!« Das erfüllte sich auf der Stelle. Vor den Augen der Marktleute wurde der Fischer zu Stein und wartet noch heute auf seine Erlösung.

**Adresse** Benediktinerplatz 1, 9020 Klagenfurt | **ÖPNV** vom Bahnhof mit Bus 80 oder 81 zum Neuen Platz | **Anfahrt** parken auf dem Parkplatz St. Ruprechter Straße, dann den St. Veiter Ring überqueren und die St. Ruprechter Straße in Richtung Neuer Platz gehen | **Öffnungszeiten** Mo–Sa 6.30–14 Uhr, Do und Sa bis 13 Uhr auch in den umliegenden Gassen (die großen Wochenmärkte sind am Do und Sa) | **Tipp** Freitags findet hier der Biomarkt statt, wo unterschiedliche Produkte aus biologischer Landwirtschaft angeboten werden.

# 12 Der Botanische Garten

## *Wie das Blumenbeet in den Bergbau kam*

Am Fuße des Kreuzbergls, Klagenfurts Naherholungsgebiet, liegt der Botanische Garten. Auf 1,2 Hektar erstreckt sich dieses bunte, vielfältige Pflanzenreich, spezialisiert auf Kärntens Blumen und Gewächse. Neben dem neu geschaffenen Kärntner Bauerngarten sind das Alpineum, das Biotop und die Felskulisse beeindruckend. Die Vielfalt der Pflanzen ist durch ihre Farbenpracht überwältigend. Nicht nur Regionales ist hier ausgestellt, auch Besonderheiten und Raritäten aus aller Welt kann man finden. Der Erhalt der Pflanzen aus Feuchtbiotopen und Mooren bildet einen unübersehbaren Schwerpunkt. Neben Kärntens Flora werden dem kleinen und großen Besucher die Morphologie der Gewächse, die Systematik der unterschiedlichen Pflanzen und die der Mikropilze nähergebracht.

Der Botanische Garten ist Teil des Kärntner Botanikzentrums. Neben einer Fachbibliothek beherbergt dies auch Kärntens ältestes Herbarium, das Herbarium Vivum aus dem Jahre 1752. Zu den Highlights gehören die Wasserlandschaft mit Wasserfall, Bach und Teich, und das Sukkulentenquartier. Die Beschreibungen sind teilweise in Blindenschrift verfasst. Die Palette der gepflegten Schaugärten erstreckt sich vom rauen felsigen Alpinum bis hin zum gemütlichen Kärntner Bauerngarten. Als Königin der Blumen des Botanischen Gartens darf wohl die Wulfenia, Kärntens Landesblume, genannt werden. Ihr ist ein eigenes Beet gewidmet, doch ihre Blütezeit ist kurz.

Am Rande des Gartens befindet sich das Bergbaumuseum. Der Darstellung des Lebens der Bergleute und ihres sozialen Umfeldes wird hier besondere Aufmerksamkeit geschenkt. In der paläontologischen Abteilung werden versteinerte Reste aus lang vergangenen geologischen Epochen gezeigt. Das Museum ist im 500 Meter tief in den Berg gehauenen Stollen der Steinbrüche vom Kreuzbergl beheimatet. Während des Zweiten Weltkrieges diente der Stollen als Luftschutzbunker.

**Adresse** Prof.-Dr.-Kahler-Platz 1, 9020 Klagenfurt | **ÖPNV** vom Heiligengeistplatz mit Bus 50 bis Haltestelle Kreuzbergl, dann nach links zur Radetzkystraße zu Fuß bis zum Bergbaumuseum | **Anfahrt** Abfahrt St. Martin von der A 2, dann über den Egger Lienz Weg zur Josefinumstraße, rechts halten zur Kinkstraße und beim Bergbaumuseum parken | **Öffnungszeiten** Mai – Sept. täglich 10 – 18 Uhr, Okt. – April Mo – Do 10 – 16 Uhr | **Tipp** Im Juni blühte ursprünglich die blaue Blume Wulfenia vom Gartnerkofel, doch aufgrund der Klimaänderung beginnt die Blütezeit heute bereits Ende April/Anfang Mai.

# 13__Die Buchhandlung Heyn

*Wo Katzen Geschäfte machen*

Was so lustig klingt, macht wirklich Spaß. Spaziert man am Wochenende von Schaufenster zu Schaufenster durch die Klagenfurter Fußgängerzone, kann es schon passieren, dass man ruckartig vor der Buchhandlung Heyn stehen bleibt. Entzückt wird man zwei Kätzchen bewundern, die zwischen den ausgestellten Büchern herumstolzieren. Die Rede ist von Mr. und Mrs. Heyn. Gerufen werden sie salopp »Nala« und »Nilo«.

Seit über zwei Jahren lebt das Pärchen in der Buchhandlung. Den beiden klassischen Hauskatzen mangelt es an nichts, auch am Wochenende kommt eine der Katzenmütter ins Geschäft, um sie zu versorgen. Da die Kramergasse, ein Teil der Fußgängerzone, in der die Buchhandlung beheimatet ist, eine sehr belebte Zone ist, legt man großes Augenmerk darauf, dass die beiden Tiere den Laden nicht verlassen. Das bedeutet, ihr Hauptaufenthaltsort ist der erste Stock. Den Tag über stromern sie von Büro zu Büro und durch das Geschäftslokal. Da kann es schon vorkommen, dass eine der beiden einem unentschiedenen Kunden auf die Sprünge hilft, indem sie sich auf einen der betrachteten Bestseller setzt und miaut. Dem Miauen folgt das zufriedene Lächeln der Kundschaft und der Griff zum von der Katze erwählten Buch.

Ebenso empfehlen die zwei Hübschen in der 14-tägig erscheinenden Katzenpost regelmäßig ihre bevorzugte Lektüre.

Die Buchhandlung wurde im März 1868 gegründet und ist seit 1881 im Besitz der Familie. Die Familiengeschichte ist gezeichnet von hellen, aber auch sehr dunklen Seiten im Zweiten Weltkrieg. Dass das Geschäft zu dem geworden ist, was es heute darstellt, ein warmherziger Ort mit einem breiten Sortiment und reizenden »Um-die-Füße-Streichern«, ist dem jetzigen Chef Helmut Zechner zu verdanken. Es vergeht kaum ein Abend, an dem nicht ein Event in der Buchhandlung stattfindet, von Lesungen bis hin zu Kochshows mit Autoren.

**Adresse** Kramergasse 2, 9020 Klagenfurt, www.heyn.at | **ÖPNV** vom Bahnhof mit Bus 80 oder 81 zum Heiligengeistplatz | **Anfahrt** Parkplatz Waagplatz, dann zu Fuß zum Alten Platz | **Öffnungszeiten** Mo–Fr 9–18 Uhr, Sa 9–12 Uhr | **Tipp** Fünf Minuten von der Buchhandlung entfernt befindet sich auf dem Fleischmarkt die Bäckerei Taumberger mit wunderbarem Brioschgebäck.

# 14__Das Café Ingeborg

*»Hippies use side door«*

Trotz des flippigen Schilds, das an die 68er des vorigen Jahrhunderts erinnert, dürfen Hippies hier den Haupteingang benützen. Kaum betritt man das kultige Café, fällt auch schon der Blick auf die Stecktafel im Stil italienischer Bars an der Wand. Nicht nur die aufgelisteten Speisen – »Weiches Ei mit Buttersemmel, Schinkensemmerl mit Kren, Schnittlauchbrot und Kipferl« – muten österreichisch an, auch die italienische Kaffeemarke Hausbrandt mit dem altösterreichischen Namen. Einige andere Gerichte, die nicht auf die Wandkarte gesteckt sind, lassen einem das Wasser im Mund zusammenlaufen, zum Beispiel die Eierspeis mit Schnittlauch. Das ganze Espressocafé ist ums Frühstück herum aufgebaut. Was man in keinem der anderen Kaffeehäuser der Stadt findet, wird hier zelebriert: Frühstück as Frühstück can.

Das »Ingeborg« ist das erste Café, in dem diese pfiffige Frühstücksphilosophie des kreativen Chefs, Klausi Kirchauer, auch angenommen wird. Es ist in diesem zeitgeistigen Ort am Fuße des Kreuzbergls, unweit des Schillerparks, möglich, ein ganzes Frühstück oder gschmackige Elemente daraus über den Tag verteilt zu verspeisen. Am Morgen kann man sich in den Fellsesseln zurücklehnen, Kaffee oder verschiedene Arten Tee und frisch gepresste Säfte beim Lesen der unterschiedlichsten Zeitungen genießen. Zu Mittag ist es bei jedem Wetter möglich, die kleinen, aber fein zubereiteten Häppchen auf Slow-Food-Niveau auf der überdachten Terrasse zu schlemmen. Und auch am Abend, beim Aperitif, kann man noch seine Eierspeis bestellen.

Zweimal im Monat gibt es das Café-am-Meer-Dinner. Dann wird kein Frühstück aufgetischt, sondern qualitätsvolle Speisen in toller Atmosphäre. Während der Koch Stefan Petutschnig die Wunderwerke zaubert, legt Klausi, der spritzige Chef, auch bekannt als DJ Barry Bahia, Soul und Groove auf, und das immer gleichbleibend freundliche Personal bedient.

**Adresse** Radetzkystraße 3, 9020 Klagenfurt | **ÖPNV** vom Heiligengeistplatz mit Bus 22 bis Haltestelle Sterneckstraße | **Anfahrt** A 2, Abfahrt St. Martin, nach links in die Sterneckstraße bis zum St. Veiter Ring | **Öffnungszeiten** Mo – Sa 9 – 23 Uhr | **Tipp** Kärntens einzige Kaffeerösterei »Excelsior« im Süden der Stadt (Schwendnergasse 4, am Südring) macht nicht nur Kaffee trinkbar, sondern bietet auch Seminare und Verkostungen.

# 15_Das Cho-Cho-San

*Wo Kultur auf dem Tablett serviert wird*

Dieses altmodische Kaffeehaus kann leicht übersehen werden. An eine Häuserfront geschmiegt, passt es sich mit seinem unauffälligen Äußeren dem Grau der Straße an. Dieser Eindruck setzt sich auch im Innenraum fort. Es ist, als hätte man vor Jahrzehnten die Zeit angehalten. Wodurch setzt sich dieses von den anderen Cafés in der Innenstadt ab?

Hier treffen sich weder Schick und Mick, noch jene, die gesehen werden und andere sehen wollen. Es ist ein Ort des Rückzugs von der Hektik des Alltags, vom Trubel der Innenstadt.

Aber nicht immer ist es ruhig hier. Denn als besonderen Service für ihre Gäste serviert die muntere Wirtin Veronika Salcher seit über 20 Jahren Kultur, zum Preis von einem Glas Wasser: Alle 14 Tage finden Konzerte statt. Es ist eine lebendige Mischung, Jazz und Klassik lösen einander ab.

Die Auftritte sind schon deshalb ein Schmankerl für die Gäste, weil Vroni, die Wirtin, keinen Cent Eintritt verlangt und die Konzertreihe aus eigener Tasche finanziert. Von keinen Subventionen abhängig zu sein, sieht sie die Veranstaltungen als Möglichkeit, politische Unabhängigkeit zu beweisen. Nicht nur Musik wird zum großen Braunen kredenzt, an den Wänden gibt es Ausstellungen bekannter und unbekannter Künstler, Lesungen zeitgenössischer Autoren werden veranstaltet.

Wegen des regen Kulturbetriebs wurde das Kaffeehaus mit einem Preis der Stadt ausgezeichnet. Die Schauspieler, Sänger und Kulturschaffenden des gegenüberliegenden Theaters kommen ebenso hierher wie ihr Publikum. Viele kennen einander seit Jahren, manchmal nicht mit Namen, aber geredet hat man schon miteinander, und sieht man sich zufällig an einem anderen Ort der Innenstadt, begrüßt man sich wie alte Bekannte. Also einfach hingehen zu dieser Klagenfurter Institution, sich setzen, sich vom Qualm in der Luft nicht stören lassen, genießen und staunen.

**Adresse** Theatergasse 9, 9020 Klagenfurt | **ÖPNV** vom Bahnhof mit Bus 80 oder 81 zum Heiligengeistplatz | **Anfahrt** Parkplatz Waagplatz, dann zu Fuß in Richtung Stadttheater | **Öffnungszeiten** Mo–So 7–2 Uhr | **Tipp** Großes Theater wird gegenüber im Stadttheater Klagenfurt gespielt. Der Anbau stammt vom bekannten Klagenfurter Architekten Günther Domeinig.

# 16__Die Cookothek

*Ort der himmlischen Genüsse*

Was um Himmels willen ist denn eine Cookothek? Bei all diesen vielen neuen Begriffen und Wortzusammensetzungen kann man schon mal den Überblick verlieren.

Auf die Frage, wie es zu dieser Kombination von Kochen und Büchern gekommen ist, erklärt die engagierte Geschäftsinhaberin und gelernte Buchhändlerin Klaudia Quinesser, dass die Menschen in diesen Zeiten der Reizüberflutung einen immer größeren Wert auf innere Besinnung und Lebensqualität legen. Dadurch interessieren sie sich wieder mehr für die Zusammensetzung der Speisen und gesundes Kochen. So entsteht ein Bedürfnis, eher natürliche Lebensmittel auf den Teller zu bringen. Die Menschen wollen wieder wissen, woher ihre Nahrungsmittel kommen. Und sie haben den Wunsch, Essen auch wieder gemeinsam innerhalb der Familie und des Freundeskreises zu genießen.

Ausgewählte Bücher, die rund um das kulinarische Vergnügen angesiedelt sind, unterstützen die Devise der Buchhändlerin: Kochen, Lesen, Lachen. Immer wieder werden Kochworkshops zu exquisiten Gerichten aus aller Welt angeboten. Das anschließende gemeinsame Essen rundet das genussvolle Seminar ab. Die Palette der Leckerbissen reicht von Sushi über die vegane Küche bis zum Vollkornbrot-Backkurs. Auch an Kinder wird beim appetitanregenden Angebot gedacht: Weihnachtskekse zu backen bereitet eben nicht nur Eltern Freude.

Auf 75 Quadratmetern ist dieses Kleinod köstlicher ess- und lesbarer Freuden untergebracht. Neben den Büchern, den Geschenkartikeln, den Gewürzen, den Schürzen, Servietten und allerlei anderem Küchenzubehör dominiert die Hauptattraktion des Geschäftes den Raum: eine wunderschöne Miele-Kochinsel. An der rückwärtigen Ladenwand befindet sich ein wahr gewordener Koch- und Köchinnentraum aus Backöfen und Chrom. Und hier zaubern dann auch folgerichtig diverse Feen und Magier der Töpfe und der Wörter.

**Adresse** Bahnhofstraße 26, 9020 Klagenfurt, www.cookothek.at | **ÖPNV** vom Bahnhof oder vom Heiligengeistplatz mit Bus 81 bis Haltestelle Landesregierung | **Anfahrt** Abfahrt Zentrum von der A 2, weiter zum Viktringer Ring bis zur Kreuzung Bahnhofstraße | **Öffnungszeiten** Mo – Fr 8.30 – 18 Uhr, Sa 9 – 13 Uhr | **Tipp** In unmittelbarer Nähe keimen Kindheitserinnerungen auf. Mit einer in Betrieb befindlichen Modelleisenbahn wirbt das Geschäft der Firma »Kleinbahn« um Kunden.

# 17_Das Dolce Vita

*Italien gegenüber dem Gefängnis*

Kärntens bekanntestes Feinschmeckerlokal teilt seine Adresse mit dem Landesgefangenenhaus: Tür an Stahltür mit vergitterten Fenstern. Das Bistretto befindet sich hinter dem Stadttheater und dem Schubertpark, keine zwei Minuten entfernt vom Napoleonstadl. Schön versteckt hinter Sträuchern und Bäumen wirkt es fast wie ein geheimer Ort. Wer ihn finden will, muss zumindest von ihm wissen. Und ja, gegenüber stehen die Mauern von Gericht und Gefangenenhaus. Doch der wunderschöne Platz mit seiner ausgezeichneten Küche sorgt dafür, dass man dies nur am Rande mitbekommt.

Was macht, unabhängig von der prominenten Adresse, gerade dieses kleine Lokal zu etwas Besonderem? Dass der Chef aus der Küche eilt und die lebendige Speisekarte mimt, kennen wir alle schon. Aber diesem Zampano über den Töpfen nehmen wir das auch ab. Vor allem wenn er eines seiner Gerichte nicht empfiehlt. Das kleine Bistretto von Stephan Vadnjal kultiviert neben all den schicken und coolen Lokalen, die jedes Jahr rund um den Wörthersee entstehen und wieder vergehen, seinen ganz persönlichen Traum abseits der luxuriösen Touristenmeile.

Der Chef meint, dass Kochen Herzenssache ist. Und genauso schmecken seine Kreationen. In seinem kleinen, aber sehr feinen Restaurant wird mediterrane Küche pur angeboten, mit den üblichen Schwerpunkten Fisch, Meeresfrüchte und hausgemachter Pasta. Das bieten viele an. Aber was nun macht dieses Lokal zum Volltreffer? Zur Sternstunde für Genießer? Folgt man der Devise des Küchenchefs: »Leicht. Frisch. Ehrlich«, findet man vielleicht eine Antwort auf diese bohrende Frage. Qualität ist das Stichwort, und großer Respekt vor dem Produkt.

Sogar die Grissini sind hier hausgemacht und das Öl leicht bitter und fruchtig. Alles wird in der idealen Portionsgröße serviert, der Genuss ist garantiert, und es bleibt immer noch Raum für mehr. Vielleicht für das empfohlene Tonkabohneneis.

**Adresse** Heuplatz 2, 9020 Klagenfurt, www.dolce-vita.at | **ÖPNV** vom Bahnhof mit Bus 80 oder 81 zum Heiligengeistplatz | **Anfahrt** Parkplatz Waagplatz, zu Fuß zum Heuplatz | **Öffnungszeiten** Mo – Fr 11.30 – 15 Uhr und abends ab 18 Uhr | **Tipp** 50 Meter weiter in Richtung Stadttheater befindet sich die letzte Buchbinderei. Dissertationen finden bei Frau Ilse Bäck ebenso einen kräftigen goldbedruckten Rücken, wie besondere Geschenke eine exklusiv bedruckte Verpackung erhalten.

# 18__Das Eboard-Museum

*Der Himmel für Fans elektronischer Musik*

Im ausrangierten ersten Stock eines heimischen Möbelhauses auf dem Messegelände befindet sich Europas größtes Museum für Keyboards. Anders als in anderen Museen, in denen Betrachten erwünscht, Anfassen jedoch verboten ist, soll hier der hautnahe Kontakt mit den Ausstellungsstücken hergestellt werden. Die Rede ist von 1.500 Instrumenten auf 1.700 Quadratmetern. Und hautnah bedeutet: berühren, testen, bespielen, beriechen, fotografieren und auch sampeln. Hier ist eindeutig Platz genug, um zu träumen. Die elektronischen Tasteninstrumente, wie E-Pianos, elektromagnetische Hammonds, elektronische Orgeln, Mellotrons, Synthesizer, Sampler, Stringensembles, aber auch die Drummachines, Amps und Leslies erzählen 80 Jahre Musikgeschichte.

Warum steht gerade in Österreich dieses großartige Museum? Zum einen ist der Gründer und »Museumsdirektor« Gerhard Prix Klagenfurter, zum anderen ist dies das Land, in dem 1979 das allererste ARS ELECTRONICA FESTIVAL stattfand. Jenes Pilotprojekt, welches die digitale Revolution zum Anlass nahm, in die musikalische Zukunft zu blicken und diese an der Schnittstelle von Kunst, Gesellschaft und Technologie anzusiedeln.

Viele Eboard-Begeisterte werden sich hier wie im elektronischen Himmel fühlen, wenn sie in dem weltweit ersten Museum dieser Art einen YAMAHA DX 1 – eigentlich alleiniges Privileg der Superstars, wie Dire Straits, Beach Boys oder Deep Purple – finden. Oder aber in der alphabetischen Sammlung der wichtigsten Exponate stöbern. Für das erste Hammond Modell »A«, aus dem Jahr 1935, werden Kenner wohl viele Kilometer zurücklegen. Weltstars wie Ray Charles, Stevie Wonder, Keith Emerson, Udo Jürgens, Wolfgang Ambros spielten auf den Instrumenten. Das sehenswerte Museum hieß anfangs KEYBOARDMUSEUM, wurde wegen der Abgrenzung zu rein akustischen Klavieren, Orgeln, Akkordeons und dergleichen in EBOARDMUSEUM umgetauft.

**Adresse** Florian-Gröger-Straße 20, 9020 Klagenfurt, www.eboardmuseum.com | **ÖPNV** vom Heiligengeistplatz mit Bus 60 oder 61 bis Haltestelle Messe West | **Anfahrt** von der A 2, Abfahrt Zentrum, die August-Jaksch-Straße bis zur Kreuzung Villacher Ring, nach rechts bis zur nächsten Ampel, dann links abbiegen | **Öffnungszeiten** Mo – Sa 14 – 19 Uhr, samstags wird um Voranmeldung gebeten, Tel. +43 (0)699/19144180 | **Tipp** Für alle Herbst-urlauber ein Muss: der Ursulamarkt auf dem Messegelände. Der ländlich geprägte Markt findet am Wochenende vor dem Namenstag der heiligen Ursula am 18. Oktober statt.

# 19__Die Elisabethinen-Apotheke

*Pharmazeutisches Museum der Königin von Neapel*

Will man ins Apothekenmuseum, ruft die Pförtnerin des Elisabethinenspitals sogleich eine der geistlichen Schwestern. Erfreut führt diese Besucher in die historischen Nebenräume zur alten Apotheke. Dort empfängt den Besucher Ruhe, und der leichte Duft des Massivholzes – vermischt mit den ätherischen Ölen und Essenzen – vermittelt das Gefühl, einen Hauch Vergangenheit einzuatmen.

Die Apotheke war ein königliches Geschenk aus dem Jahre 1792. Erzherzogin Marianne war eine Gönnerin des Ordensspitals. Der Habsburgerin war es bereits gelungen, ihren kaiserlichen Bruder Josef II. für eine großzügige Spende zu gewinnen. Nach einer Missernte im Jahr der Französischen Revolution 1789 war Kärntens Wirtschaft am Boden. Die Menschen hungerten und konnten sich das überlebensnotwendige Getreide nicht mehr leisten. Marianne bat ihre Schwester Karoline, die Königin von Neapel, um Hilfe. Unmittelbar darauf schickte diese ein mit Getreide beladenes Schiff aus dem Süden nach Triest. Als Marianne schwer erkrankte, bat sie ihre Schwester abermals um Hilfe. Die ärmliche Klosterapotheke sollte erneuert, ausgebaut und das Ordensspital jährlich mit 1.000 Gulden unterstützt werden. Dies war auch der letzte Wille der Habsburgerin.

Die Apotheken der geistlichen Orden konnten sich in dieser Zeit nur durch Zuwendungen reicher Bürger oder des Adels und des Klerus über Wasser halten. Denn anders als ihre weltlichen Konkurrenten durften sie keine ärztlichen Rezepte annehmen und waren damit vom Geldfluss abgeschnitten. Mit dieser notwendigen Einschränkung auf wenige weltliche Apotheken versuchten die regierenden Landstände, dem Unwesen der Scharlatane und Quacksalber, die mit ihren »Wundermitteln« die Kranken betrogen, beizukommen.

Die beigen Porzellanbehälter mit den lateinischen Bezeichnungen der Pulver und Salben vermitteln immer noch ein Stück Geschichte.

**Adresse** Völkermarkter Straße 19, 9020 Klagenfurt | **ÖPNV** vom Bahnhof mit Bus 20 zur Elisabethinenkirche | **Anfahrt** A 2 Abfahrt IKEA zur Völkermarkter Straße bis ins Zentrum | **Öffnungszeiten** sind am Empfang des Krankenhauses zu erfragen, Tel. +43 (0)463/58300 | **Tipp** Anschließend ans Krankenhaus befindet sich die bischöfliche Residenz, die teilweise vom Barockarchitekten Hildebrand erbaut wurde. Der Park hinter dem Gebäude ist äußerst sehenswert.

# 20 Die Fliehburg Grazerkogel

*Zweitwohnsitz in gefährlichen Zeiten*

Die fünf spätantiken Fliehburgen um Klagenfurt – Grazerkogel, Maria Saalerberg, Ulrichsberg, Seltenheimerberg, Postraschischnig – hatten alle miteinander Sichtkontakt. Das bedeutet, man konnte miteinander mittels Licht- oder Rauchzeichen kommunizieren. Was sind nun Fliehburgen? Der Begriff ist längst in Vergessenheit geraten, da nicht viel von ihnen erhalten geblieben ist. Sie werden auch Fluchtburgen, Vryburgen, Bauernburgen oder Volksburgen genannt, weil sie ebenso wie Kirchenburgen und Wehrkirchen der Bevölkerung in Zeiten der Gefahr Schutz boten. Die wehrhaften Verteidigungsanlagen waren von Wällen umgeben und wurden nicht dauerhaft bewohnt. Mit den prunkvollen Anwesen des Adels waren sie nicht zu vergleichen, sie waren einfach gebaut, bestanden oft nur aus Erdbefestigungen und Holzpalisaden, auch Felswände wurden als Stützen verwendet.

Gut verborgene Reste einer Fliehburg sind auf dem Kreuzbergl in Klagenfurt zu bewundern. Viele Wanderer und Spaziergänger sind schon achtlos an ihnen vorbeimarschiert. Wie sind die Mauern auf dem Grazerkogel also zu finden?

Der Kreuzbergl Wanderweg Nummer 7 durchquert die Reste der ehemaligen Wehranlage. Man wandert zum Waldwirt und von dort aus weiter in Richtung Falkenberg. Am steilsten Stück des Weges dorthin ist an einer Buche die Nummer 7 angebracht. Links davon beginnt die Befestigungslinie. Unterhalb des Hinweisschildes »Fliehburghügl« ist ein mit gelbem Moos umwachsener Höhleneingang in Form eines niedrigen Torbogens. An diesem Ort herrscht eine eigenartige Stimmung. Vielleicht liegt das auch daran, dass man sich erinnert, wie viele Menschen in Angst vor einer drohenden Gefahr sich einst an diesem Platz versteckten. Oft war es die Bevölkerung selbst, die diese Fluchtburgen baute. Wichtig war es, einen Ort zu finden, an dem es eine Quelle gab und die Übersicht über das Land gegeben war.

**Adresse** mitten im Kreuzberglwald, 9020 Klagenfurt | **ÖPNV** vom Heiligengeistplatz mit Bus 20 bis Haltestelle St. Martin, zum Zeughaus der Freiwilligen Feuerwehr gehen und Weg Nummer 12 (4) folgen in Richtung Falkenberg | **Anfahrt** Abfahrt St. Martin von der A 2, dann über den Egger-Lienz-Weg zur Josefinumstraße, rechts zur Kinkstraße und dann weiter bis zum Schlossweg und hier den Hinweisschildern »Waldwirt« folgen; beim Gasthaus parken und Weg Nummer 22 (7) folgen | **Tipp** In der Nähe der Bushaltestelle St. Martin findet sich das traditionsreiche Restaurant Dermuth mit einem schattigen Gastgarten, in dem sehr gute österreichische Küche und ausgewählte Süßspeisen serviert werden.

# 21 Der Franzos

*Der kleine Napoleon*

Direkt hinter dem Benediktinermarkt befindet sich dieses Tempelchen marktfrischer Genüsse.

Das Kochen hat der Meister von seinem Vater erlernt, einem Mitglied der Confrérie de la Chaîne des Rôtisseurs. Schon früh hat dieser Kenner der französischen Küche den kleinen Hervé mit den Gaumenfreuden, die sich unter dem Sand und in den Fluten des Atlantiks verbergen, bekannt gemacht. Direkt am Strand hat Hervé Claude Delclos im Kreis seiner Schwestern die Meeresfrüchte roh verspeist oder über einem Feuer gebraten.

Fährt er in sein Heimatland, ist er nie ohne sein eigenes Messerset unterwegs. Auf das schwört er. Auch wenn es in der Literatur über Köche zum Klischee herabgekommen ist oder mitunter wie eine Mystifizierung klingt – Hervé arbeitet wirklich nur mit seinen geliebten Messern. Und hat er die nicht, läuft es nicht rund. Falls er einmal bei Nacht und Nebel das Land verlassen müsste, diese scharfen Utensilien würde er nicht zurücklassen. Dann schon eher seine Brieftasche oder das Handy. Will er Freunden ein Geschenk machen, schenkt er Messer. Auch wenn andere an den Spruch glauben, dass geschenkte Messer die Freundschaft zerschneiden, hält es der Franzose anders. Seine Messer sind ein Garant zur Festigung der Freundschaft.

Nicht selten passiert es, dass der Meister erschöpft, wenn auch erfreut, über einer seiner neuesten Kreationen in der Küche steht und seufzt: »Ich werde alles umstellen. Ab sofort gibt es nur noch eine Vorspeise, eine Hauptspeise und eine Nachspeise.« Nach kurzem Zögern und einem Schluck Weißwein: »Abgesehen von meinen Klassikern natürlich. Die bleiben, wie sie sind. Die Crème brulée, der Avocadosalat mit Birne, die Minis dürfen nicht fehlen. Und dann bräuchte ich noch ein zweites variables Gericht auf der Karte.« Und so gibt es alle Jahre wieder die umfangreiche Karte französischer Köstlichkeiten. Zum Glück.

**Adresse** Adolf-Kolping-Gasse 3, 9020 Klagenfurt, www.derfranzos.at | **ÖPNV** vom Bahnhof mit Bus 80 oder 81 bis Heiligengeistplatz | **Anfahrt** von der A 2, Abfahrt Minimundus, die Villacher Straße bis zum Villacher Ring und weiter in Richtung Neuer Platz (Parkgarage), über Stauderplatz in die Adolf-Kolping-Gasse | **Öffnungszeiten** Mo – Fr 13 – 23 Uhr | **Tipp** Dem Lokal gegenüber gehen Sie die Treppen hinauf und befinden sich auf der alten Stadtmauer mit dem Blick in den historischen Befestigungs-graben (heute ein Kinderspielplatz).

# 22 Der Friedelstrand

*Die Flaniermeile der Klagenfurter*

Im Volksmund wird dieser idyllische Spazierweg Friedelsteg genannt. Gemeint ist der Uferstreifen, der ab der Villa Lido und der Schiffswerft den See entlang bis nach Krumpendorf führt. Direkt am See befinden sich die hübschen Badehäuser eingesessener Klagenfurter Familien. Wer in Besitz eines solchen Seehäuschens oder Seegrundstücks kommen will, muss entweder erben oder einen Hausinhaber heiraten. Es passiert gar nicht oder äußerst selten, dass eines dieser begehrten Objekte zum Kauf angeboten wird. So kann man nur daran vorbeimarschieren und sehnsüchtige Blicke darauf werfen.

An den Boots- und Badehäusern entlang der Spaziermeile ist unschwer der Stil der Wörthersee-Architektur, die zwischen 1864 und 1938 das Erscheinungsbild um den See geprägt hat, zu erkennen. Was zeichnet diesen Stil aus, was macht ihn so besonders? Es ist das Sammelsurium unterschiedlicher Facetten: zum einen das romantische Flair englischer Cottagehäuser, zum anderen die barocke Üppigkeit, die bis zu den verspielten Schnörkeln des Rokokos reicht. Ein prominentes Beispiel ist der Ruderverein Albatros, der 1909 vom bedeutendsten Vertreter dieses Stils, Franz Baumgartner, erbaut wurde. Und hoch über allem thront unheimlich wie ein Geisterschloss das verlassene Hotel Wörthersee. Die Militärschwimmschule, die zum Gebäude gehörte, gab den Startschuss für den Wassersport. Ein anderes, unübersehbares Gebäude ist das Schloss Freyenthurn. Im 16. Jahrhundert wurde die mächtig wirkende Anlage mit dem später dazugekommenen Tudortürmchen erbaut. Jetzt befindet sich darin ein Nobelbordell mit dem wohl schönsten Blick über den See.

Keine Sehenswürdigkeit, dennoch lustig anzusehen, ist der »Schweinehirt-Brunnen«. Es lohnt sich, im Sommer wie auch im Winter hier das Ufer entlangzuflanieren. Bei schönem Wetter laden die Bänke unter den Lauben zum Verweilen ein.

**Adresse** Friedelstrand, 9020 Klagenfurt | **ÖPNV** vom Heiligengeistplatz mit Bus 10 beziehungsweise Bäderbus bis Haltestelle Schiffsanlegestelle | **Anfahrt** Abfahrt Minimundus von der A 2 Richtung Strandbad | **Tipp** Am letzten Juniwochenende startet in unmittelbarer Nähe zum Friedelstrand Kärntens größtes Sportspektakel: Der »IRONMAN Austria« – 3,8 Kilometer Schwimmen, 180 Kilometer Radfahren, und zum Abschluss wird eine klassische Marathondistanz von 42,2 Kilometer gelaufen (eu.ironman.com).

# 23__Die Greißlerei Hradetzky

*Willkommen, Dobrodošli, Benvenuti in der Badgasse*

Im Mittelalter waren in der Badgasse, dem Kern der historischen Altstadt, Klagenfurts Badeanstalten. Die gibt es nicht mehr, dafür ist die romantische Gasse bevölkert von Gastronomie und Kultur. In einem denkmalgeschützten spätgotischen Haus mit zweibogigem Arkadenhof hat sich die letzte Greißlerei im alten Stil der Stadt angesiedelt – die Gemischtwarenhandlung Hradetzky. 1847 schuf der Früchtehändler Josef Simzig die Grundlage für ein Geschäftslokal in diesem Gebäude. Er ließ zur Gasse eine Ladentür ausbrechen und verkaufte seine Ware.

Durch die Eröffnung der Greißlerei wurde diese 170 Jahre alte Tradition fortgesetzt. Dies war nur möglich, da der Eigentümer das Erdgeschoss revitalisierte. Zug um Zug wird das gesamte Haus renoviert.

Durch die Restaurierung sollen die mittelalterlichen Gassen im neuen Glanz erstrahlen und die altstädtische Atmosphäre erhalten bleiben. Über die Jahrhunderte hinweg verdienten sich in den Häusern dieser verwinkelten Gasse Schuster, Goldarbeiter, Metzger, Rauchfangkehrer, Pferdefleischhauer, Apotheker, Schneider, Schleifer, Kerzenzieher und Handelsleute ihren Lebensunterhalt.

Im geschmackvoll und harmonisch eingerichteten kleinen Geschäftslokal von Gabriele Hradetzky wird ebenso Feinkost aus der Region wie aus anderen Ländern angeboten. Die Palette der Produkte ist sehr vielfältig und farbenfroh: Neben Gewürzen, Weinen vom Fass oder in Flaschen aus Kärnten, dem Friaul und Slowenien, kroatischem Olivenöl, Teransekt, Salz, Kaffee aus Gorizia, Schokolade, Bier aus Kärnten, Säften, Likören werden auch Fachbücher rund um die Kulinarik, Musik von Kärntner Künstlern oder selbst designter Schmuck der Ladenbesitzerin, ausgewählte Bilder, Batiken, Taschen und Bekleidungsstücke feilgeboten. Und das ist nur eine Auswahl des reichen und erlesenen Sortiments des Kaufmannsladens. Natürlich ist jedes einzelne Stück von hoher Qualität.

**Adresse** Badgasse 5, 9020 Klagenfurt, www.gemischtwarenhandlung.at | ÖPNV mit jedem Bus vom Bahnhof zum Heiligengeistplatz | **Anfahrt** Parkplatz Waagplatz, zu Fuß über die Osterwitzgasse in Richtung Alter Platz | **Öffnungszeiten** Di–Fr 10.30–18 Uhr, Sa 10.30–14 Uhr | **Tipp** Direkt an die Greißlerei anschließend befindet sich das Lokal RAJ des Kulturvereins Innenhofkultur. Hier finden das ganze Jahr über Konzerte, Lesungen und Ausstellungen statt. Und wer sich erfrischen und laben will, findet hier schmackhaft Regionales.

# 24 Das Gutenberghaus
## *Eulen über der Stadt*

Wer vom Heiligengeistplatz zum Benediktinermarkt spaziert, kommt unweigerlich am Gutenberghaus vorbei. Wirft er einen Blick in die Höhe, sieht er in zwei forschende Eulen-Augenpaare. Den beiden Plastiken, die das mit einer Ädikula bekrönte Giebelfenster flankieren, verdankt das Gutenberghaus, gegenüber der ehemaligen Hauptpost, seinen Spitznamen »Eulenhaus«. Es hat den Anschein, als würde das Eulenpaar über die Stadt, zumindest aber über das Haus wachen.

Eulen unterscheiden sich von anderen Vögeln nicht nur durch ihren starren Blick, sondern auch durch die Fähigkeit, ihre Augen wie wir Menschen zuklappen zu können. Wahrscheinlich rührt daher ihr Ruf als Vögel der Weisheit. Hinzu kommt der Umstand, dass sie ihren Kopf bis zu 270 Grad, das sind drei Viertel eines Kreises, herumzudrehen vermögen. Das liegt an ihren 14 Halswirbeln; damit haben sie doppelt so viele wie wir. Diesen Tieren entgeht so schnell nichts. Sie wirken wie Überwachungspersonal oder hypermobile Bodyguards. Durch ihre Klugheit und ihren Rundblick beschützen sie das Haus.

Dem bedeutendsten Erschaffer der Wörthersee-Architektur Franz Baumgartner ist dieses Gebäude zu verdanken, so wie auch das an der Rückseite angrenzende Stauderhaus. Beide Baujuwele wurde 1909 bis 1910 errichtet. Das an drei Seiten frei stehende »Eulenhaus« ist mit Erkern, Giebeln und Eckloggia versehen – im altdeutschen Stil. Das Wandbild stammt von Leopold Resch. Sehenswert ist auch das im Hausinneren erhaltene Gewölbe aus dem 16. Jahrhundert. Fassade und Silhouettengestaltung des Stauderhauses sind beeindruckend. Beide Bauwerke haben einen romantisch verspielten Charakter. Für die fortwährende erfolgreiche Revitalisierung von Altstadtgebäuden ist Klagenfurt, als eine der wenigen Städte Europas, bereits dreimal in den letzten Jahren mit dem Europa-Nostra-Preis ausgezeichnet worden.

**Adresse** Pernhartgasse 8, 9020 Klagenfurt | **ÖPNV** vom Hauptbahnhof mit Bus 80 oder 81 bis Heiligengeistplatz | **Anfahrt** von der A 2 kommend Abfahrt Minimundus, die Villacher Straße bis zum Villacher Ring und weiter Richtung Neuer Platz (Parkgarage) | **Tipp** Hier ist alles zu finden – von Exponaten Kärntner Künstler über stilvolle Möbel bis zu Nippes für den Couchtisch: »Geschmackvoll leben« ist das Motto von »Slama« an der Südseite des Neuen Platzes.

# 25 Der Hauptbahnhof
*Angeklagte und Kläger*

Wer sich dem Bahnhof nähert, blickt von der Straße aus direkt durch die Glasfront auf zwei großformatige Wandfresken von Giselbert Hoke aus der Nachkriegszeit.

Im Zweiten Weltkrieg wurde der alte, 1900 erbaute Bahnhof zerstört. Ein neues Gebäude, in der Tradition der Monumentalarchitektur der 1930er und 1940er Jahre, wurde errichtet. 1949 hatte der 21 Jahre junge Giselbert Hoke einen Wettbewerb zur künstlerischen Gestaltung der Bahnhofshalle gegen bedeutende Mitbewerber gewonnen. So entstand Kärntens größtes Kunstwerk im Stil der klassischen Moderne. Der kubistische Geist Picassos ist deutlich spürbar. Auf 300 Quadratmetern schuf der Künstler westseitig das Werk »Wand der Angeklagten« und ostseitig »Wand der Kläger«. Die zwischen 1949 und 1956 gemalten Fresken entfachten einen Riesenskandal in der Kunstwelt der Nachkriegszeit. In der immer noch von einem traditionellen Kunstverständnis geprägten Gesellschaft stießen die Darstellungen mit ihrem zeitkritischen Thema auf große Ablehnung. Glücklicherweise blieb trotz des Protestes das großartige Kunstwerk erhalten.

In den Jahren 2001 bis 2005 wurde das Bahnhofsgebäude erneut umgebaut und auf zwei Etagen angelegt. Über zwei Rolltreppen und eine Stiege erreicht man die obere Ebene. Dadurch erscheint die riesige offene Haupthalle noch größer und wird der Monumentalität der Fresken gerecht. Doch die bezwingenden Bildflächen waren unter dem Staub der Zeit verblasst. Die notwendige Restaurierung des Werkes übernahmen Hokes Tochter Karma und deren Ehemann. Gaze und Jute wurden zum Schutz aufgeklebt und erst nach dem vollständigen Abschluss des Umbaus abgenommen.

Das beeindruckende Resultat verleitet zur Panorama-Rolltreppenfahrt. Geht es in die lichte Höhe hinauf, wird der Blick diagonal zu den »Klägern« geführt, geht es zurück in die Tiefe, erschließt er sich auf die »Angeklagten«.

**Adresse** Walther-von-der-Vogelweide-Platz 1, 9020 Klagenfurt | **ÖPNV** vom Heiligen-geistplatz mit Bus 40, 41, 42 oder 80 bis Bahnhof | **Anfahrt** von der A 2, Abfahrt Zentrum, die August-Jaksch-Straße und Viktringer Ring bis zur Bahnhofstraße Richtung Bahnhof | **Tipp** Nördlich von Klagenfurt findet sich der Dom von Maria Saal mit Herbert Böckls Fresko »Jesus rettet Petrus«, auf dem Petrus dem russischen Revolutionsführer Lenin verblüffend ähnlich sieht. Über Jahre wurde das Bild deswegen mit einem schwarzen Tuch verhängt.

# 26 Die Hypo

*Die Hybris von Geld und Architektur*

1999 ließ sich eine Landesbank mit damals schon zweifelhaftem Ruf – die danach noch heftiger in die Schlagzeilen und Gerichtssäle geratene Hypo-Alpe-Adria – von der amerikanischen Architekturfirma mit dem bedeutungsvollen Namen Morphosis eine Prachtburg der Postmoderne bauen, die stark dem Graduate House der Universität von Toronto ähnelt. Zu finden ist das spektakuläre »signature building« an der unspektakulären Osteinfahrt Klagenfurts.

Der griechische Begriff »morphosis« beschreibt den dynamischen Prozess der Verwandlung. Bekannter ist das Wort Metamorphose, das für Veränderung von Form oder Struktur steht. Der Vergleich von der Entwicklung der Raupe zur Puppe und von der Puppe zum Schmetterling drängt sich auf. In Bezug auf dieses Gebäude, in dem die Hypo-Affäre ihre Heimat hat, scheint sich eher ein wundervoll schillernder Schmetterling in eine kleine Raupe zurückverwandelt zu haben. Und wie wir aus dem Märchen wissen, sind Raupen eben auch nimmersatte Geschöpfe. Die Conclusio lautet: Der Steuerzahler muss für Milliardenverluste aufkommen, und dies nicht bedingt durch den Bau des von Thom Mayne entworfenen Glas-Stahl-Palastes.

Das glanzvolle Bauwerk mit seiner markanten Fassade, das in der Fünf-Sterne-Kategorie der Architektur anzusiedeln ist, hat viel Lob für sein äußeres Erscheinungsbild eingeheimst. Nicht so für sein Innenleben. Die meisten Büros erinnern an Zellen, die Flure an enge Labyrinthgänge. Es wirkt fast wie eine Vorschau auf die Zukunft einiger Vorstandsmitglieder, die sich später in Gefängniszellen wiederfanden.

Die Balance von Innen- und Außenleben ist also nicht gegeben, was die Geschichte des Hypo-Skandals dann auch bestätigt. Die Gegensatzpaare von Schein und Sein, von Theorie und Praxis, von Licht und Dunkel lösen sich nicht dialektisch auf, sondern bleiben leider unbeweglich und starr einander gegenüberstehen.

Adresse Alpen-Adria-Platz 1, 9020 Klagenfurt | ÖPNV vom Heiligengeistplatz mit
Bus 20 bis Haltestelle Kika | Anfahrt A 2 Abfahrt IKEA zur Völkermarkter Straße | Tipp
Auf dem Weg von Klagenfurt in Richtung Slowenien auf der Höhe der Abzweigung nach
Köttmannsdorf zahlt sich ein Blick nach rechts aus. Hier finden sich die mahnenden Reste
einer blinden Heldenverehrung: die Jörg-Haider-Gedenkstätte. »Der Schoß ist fruchtbar
noch …«

# 27__Der jüdische Friedhof
*Die Zukunft hat eine lange Vergangenheit*

Wer weiß heute noch, dass das Geschäft in der Wiener Gasse 2 früher einem jüdischen Kaufmann gehörte? Oder dass das Haus, in dem jetzt die C&A-Filiale am Neuen Platz untergebracht ist, anno dazumal im Besitz einer jüdischen Familie war? Nur diejenigen, die auf den Boden schauen und dort einen der elf messingfarbenen Stolpersteine finden.

Alles, was von der jüdischen Gemeinde in Klagenfurt übrig geblieben ist, sind die Erinnerungen. Reiche Juden lebten in der Innenstadt, der Lidmanskygasse, der Spengergasse, der Lastenstraße, der Wulfengasse oder in der Platzgasse. Finanziell schlechter gestellte hingegen außerhalb des Ringes. Einen eigenen Friedhof hatten Kärntens Juden lange Zeit nicht, sie wurden außerhalb der Mauern von christlichen Friedhöfen bestattet. Erst ab 1895 gab es einen israelitischen Friedhof, er grenzte an den St. Ruprechter Friedhof. Das Bethaus in der Platzgasse 3 wurde am 10. November 1938 im Rahmen des Novemberpogroms, der »Reichskristallnacht«, von den Nazis zerstört. Heute ist an dieser Stelle ein Parkplatz. Nur eine Gedenktafel erinnert an die vertriebene und zerstörte jüdische Gemeinde von Klagenfurt. Ab diesem Zeitpunkt gab es nur noch drei Biografien für jüdische Bürger: Einem sehr kleinen Teil gelang die Flucht, ein noch kleinerer überlebte mit gefälschter Identität in einem Versteck, der größte Teil jedoch wurde in unterschiedliche Konzentrationslager gebracht und dort ermordet; zum Beispiel nach Dachau oder in die Klagenfurter Vorstadtsiedlung Lendorf, wo eine Kaserne zum Konzentrationslager umfunktioniert wurde. Das Leben der Klagenfurter Juden war ausgelöscht worden.

Heute erinnern nur mehr der jüdische Friedhof in St. Ruprecht und die Gedenktafel am Ort des früheren Bethauses an die Existenz der jüdischen Gemeinde. 2012 wurden in der Klagenfurter Innenstadt elf Stolpersteine für jüdische Opfer des Nationalsozialismus verlegt.

**Adresse** Friedhof St. Ruprecht, 9020 Klagenfurt, www.erinnern.at/bundeslaender/
kaernten | **ÖPNV** vom Heiligengeistplatz mit Bus 85 bis Kinoplatz | **Anfahrt** A 2,
Abfahrt Zentrum, die August-Jaksch-Straße entlang, an der Kreuzung St. Ruprechter
Straße rechts abbiegen und circa 500 Meter weiter | **Öffnungszeiten** müssen in der
Stadtverwaltung erfragt werden, Tel. +43 (0)463/537 | **Tipp** Unweit vom Friedhof,
Kinoplatz 3, befindet sich das älteste Kino der Stadt, das »Volkskino«. Neben einem
Gemeindezentrum beherbergt es Klagenfurts Alternativkino.

# 28 Der Jugendstilpavillon

*Das kleinste Theater der Welt*

Wer durch den Goethepark zwischen dem Villacher Ring und dem St. Veiter Ring spaziert, kommt auf jeden Fall beim schönen Jugendstilpavillon vorbei und fragt sich, was es mit dem Minigebäude wohl auf sich hat. Noch vor gar nicht allzu langer Zeit befand sich darin eine öffentliche Toilettenanlage und danach ein Eissalon mit Gassenverkauf.

Seit dem Feber 2012 hat das Jugendstiltheater »JUST« hier im Goethepark eine Heimstätte gefunden. Diese Kleinstbühne ist eine Einrichtung des »Vereins zur Anregung des dramatischen Appetits« (VADA).

Die kreative Keimzelle, das Kremlhof-Theater in Villach, steht seit Ende 2011 als weltweit kleinste Profibühne im Guinnessbuch der Rekorde. Der Intendant dieser Mini-Einrichtung, Felix Strasser, möchte in Kärnten so viele dieser Kleinstbühnen etablieren, dass jeder Schaulustige innerhalb von 30 Kilometern eine vorfindet. Seine Idee nennt er »Theater flächendeckend«, kurz »Theflädeck«. Umgesetzt hat er bereits zwei Theaterhäuschen, weitere Zweigstellen folgen in Kürze. Kärnten besteht aus 132 selbstständigen Gemeinden und ist in zehn politische Bezirke unterteilt. Von Wolfsberg bis ins Lesachtal, zwischen den Bergen und Tälern, gibt es also viel Arbeit. Das Konzept für eine höhere Schauspielhausdichte dient der Belebung des Kärntner Kulturraumes.

Das 9,96 Quadratmeter kleine Klagenfurter Jugendstiltheater im Park neben dem Künstlerhaus ist das ganze Jahr über in Betrieb. Neben Theaterstücken finden dort trotz der Minifläche musikalische Abende, Kindertheater, Lesungen, Ballett und Kabarett ihren Platz. Alle Besucher sitzen in der ersten Reihe, und da Kunst auch für alle leistbar sein soll, gibt es freie Spenden statt fixer Eintrittspreise.

Das von Architekt Franz Baumgartner 1913 konzipierte Minibauwerk ist Teil des baulichen Ensembles des spätsezessionistischen Künstlerhauses.

**Adresse** Goethepark 2, 9020 Klagenfurt, http://just.vada.cc | **ÖPNV** vom Bahnhof mit Bus 80 oder 81 zum Heiligengeistplatz | **Anfahrt** Parkplatz Waagplatz, dann zu Fuß in Richtung Stadttheater | **Tipp** An der gleichen Adresse befindet sich eine der wichtigsten Galerien Kärntens, das Künstlerhaus, in einem schönen geräumigen Pavillonbau des frühen 20. Jahrhunderts.

# 29__Der Jüngling von Viktring

*Der Löwenbezwinger in der Klosterwand*

Was hat der gekrönte gotische Jünglingskopf, der aus der Turmnordseite der Stiftskirche Viktring ragt, mit ihrer Entstehungssage zu tun? Der älteste Zisterzienserbau nach burgundischer Art im deutschsprachigen Raum, Stift Viktring, wurde 1142 von Bernhard von Spanheim gegründet. Die Stiftskirche ist vor allem berühmt für ihre gotischen Glasfenster und ihren barocken Hochaltar.

Anfang des 12. Jahrhunderts soll sich der junge Graf Heinrich von Sponheim nach Paris begeben haben, um an der Sorbonne zu studieren. Der gewandte junge Mann wurde am französischen Hof empfangen und verliebte sich in die 16-jährige Königstochter Konstanze, die ihn zu ihrem Ritter bei einem Turnier erwählte. Stolz trug er ihre weiß-blau schimmernde Schärpe um seine Schultern. Zum Missfallen seiner Herausforderer gewann der Kärntner Adelige den ersten Preis. Während der anschließenden Feierlichkeiten brach ein Brand aus – nur Heinrich eilte zum Unglücksort und rettete eine Mutter mit ihren drei Kindern vor den Flammen. Er gab der Frau, die alles verloren hatte, seinen Siegespreis – eine goldene Kette. Als die Prinzessin ihm zum Dank ihre eigene Kette schenkte, bezichtigten die missgünstigen Ritter den jungen Grafen, der Königstochter Gewalt angetan zu haben. Daraufhin musste Heinrich waffenlos mit einem Löwen kämpfen, den er besiegte. Seine Unschuld war bewiesen, die glückliche Konstanze erwartete ihn. Heinrich entsagte jedoch der Welt für immer und trat in den Orden der Zisterzienser ein. In Folge bat sein Onkel, Graf Bernhard von Sponheim, ihm einige Mönche zu senden. So kamen im Jahre 1142 die ersten Zisterzienser nach Kärnten. Das von ihnen erbaute Kloster nannte er Viktring, zum Andenken an den siegreichen Kampf, den Heinrich von Sponheim am französischen Hof mit einem Löwen ausgefochten hatte.

Vermutlich ist der Gotenjüngling jener tapfere Ritter, von dem die Sage handelt.

**Adresse** Stift-Viktring-Straße 25, 9073 Klagenfurt | **ÖPNV** vom Heiligengeistplatz in Klagenfurt mit Bus 80 bis Haltestelle Viktring Schule | **Anfahrt** Abfahrt Minimundus in Klagenfurt Richtung Maria Wörth, Abzweigung Viktring beim Hotel Rösch | **Tipp** Jährlich im Juli findet im Stift Viktring das viel beachtete Musikforum statt. Neben den Konzerten können Interessierte auch an Workshops und Meisterklassen teilnehmen. Das Spektrum reicht von Klassik über Jazz bis zur Weltmusik.

# 30___Der Kolig-Saal

*Ein Skandal in Fortsetzung*

Der ehemalige Sitzungssaal dieses Ende des 16. Jahrhunderts erbauten Landhauses war seit seiner Neugestaltung zwischen 1929 und 1930 ein jahrzehntelanger Stein des politischen Anstoßes.

Der bedeutende Kärntner Künstler Anton Kolig gestaltete diesen Saal mit seinen Schülern, unter ihnen Anton Mahringer. In Anerkennung und Gedenken wird der Raum heute folgerichtig Anton-Kolig-Saal genannt.

Der gewünschte Tenor dieser Auftragsarbeiten lag in der Verbindung Österreichs mit Deutschland. Als die Fresken vollendet waren, liefen nicht nur die deutschen Finanziers Sturm, auch von national-christlich-sozialer Seite kam es zu heftigen Beschwerden. Unabhängig von den gewünschten Themen Militär, Handwerk, Gastfreundschaft und patriarchalische Ordnung entsprach die Formensprache der farbigen Gemälde mit ihren Übermalungen in Wachskaseinfarben nicht dem nationalen Zeitgeist. Sie wurden als »unvollendet und in ihrer Größendimension nicht nachvollziehbar« beschrieben. Die riesigen Figuren erschienen im kleinen Raum unpassend, gar anklagend. Man empfand das Volk durch diese Darstellungen beleidigt und verhängte die Werke. Circa 1938 wurden die Fresken von den Nazis abgeschlagen und zerstört. Der Kärntner Heimatmaler Switbert Lobisser erhielt in der Folge den mit 10.000 Reichsmark dotierten Auftrag, den Sitzungssaal mit neuen Fresken von »Kärntens Heimkehr ins Reich« auszugestalten. Ab 1940 war der Saal das Büro des Gauleiters von Kärnten.

Nach dem Ende des Zweiten Weltkrieges dauerte es bis 1998, bis der kleine Sitzungssaal neu gestaltet wurde. Anton Koligs Enkel, Cornelius, wurde nach einer öffentlichen Ausschreibung mit dieser Neugestaltung beauftragt. Er schuf eine auf die Geschichte des Raums bezogene Installation und integrierte dabei die wenigen erhaltenen Skizzen und Schwarz-Weiß-Fotos der Arbeit seines Großvaters.

**Adresse** Landhaushof, 9020 Klagenfurt, Tel. +43 (0)463/57757215 | **ÖPNV** vom Bahnhof mit Bus 80 oder 81 zum Heiligengeistplatz | **Anfahrt** Parkplatz Waagplatz, dann zu Fuß zum Alten Platz | **Öffnungszeiten** April–Okt. Mo–Fr 9–16 Uhr, Sa und Feiertag 9–14 Uhr, 3. Nov.–März Di–Fr 9–16 Uhr, Sa und Feiertag 9–14 Uhr | **Tipp** An den Landhaushof grenzt das Bauensemble »Goldene Gans«. Hier befinden Sie sich am ältesten zusammengehörigen Teil der Klagenfurter Innenstadt.

# 31 Das Komponierhäuschen
## Gustav Mahlers Einsiedelei über dem Wörthersee

1901 bezieht Gustav Mahler eine Villa am Ostufer bei Reifnitz. Erworben hatte der Komponist das 3.000 Quadratmeter große Seegrundstück bereits zwölf Jahre zuvor vom Fürst Orsini Rosenberg für 3.755 Gulden. Das Wohnhaus wurde nach seinen Vorstellungen vom renommierten Wiener Kunsthistoriker und Architekten Maximilian Theuer errichtet.

Etwas abseits von der Villa auf einem kleinen Kogel ließ sich Gustav Mahler zusätzlich ein kleines Häuschen als Rückzugsort bauen, sein Komponierhäuschen. Während seiner Aufenthalte schuf der Komponist unvergessliche Werke. So sind drei große Sinfonien – die fünfte, siebente und achte – mit seiner Zeit in Reifnitz verbunden. Mahlers Zeit am Wörthersee endete mit dem Tod seiner kleinen Tochter Maria 1907. Das Mädchen starb an Diphterie. Sein »Lied von der Erde« stammt aus dieser Zeit. Bereits im Jahr darauf verkaufte er schließlich sein Anwesen am Wasser. Die bis zu den prägenden lebensgeschichtlichen Ereignissen kreative Arbeitsstätte tief im Märchenwald hoch über dem See gilt als einer der besonderen Gedächtnisorte Gustav Mahlers.

Die idyllische Waldlichtung ist vom Parkplatz des Strandbades Maiernigg in flott zurückgelegten zehn Gehminuten erreichbar. Heute wird dort sein Komponierhäuschen als kleines Museum geführt. Wer annimmt, dass diese kurze Wanderung ein lockerer Spaziergang ist, hat sich getäuscht. Über Stock und Stein, vorbei an Bächlein, Blumen und düster schattenwerfenden Bäumen geht es dahin, bis der freie Platz mit dem ehemaligen Komponierhäuschen erreicht wird – also entsprechendes Schuhwerk nicht vergessen. Endlich angekommen, eröffnet sich die Möglichkeit, fast sämtliche Werke Mahlers zu hören und in einer umfangreichen Bibliothek zu blättern. Ausgestellt sind unterschiedliche Originale: Briefe, Postkarten, Partituren sowie Fotos. Informative Schautafeln runden das Angebot ab.

**Adresse** Wörthersee-Süduferstraße 116, 9020 Klagenfurt, www.gustav-mahler.at | **ÖPNV**
vom Hauptbahnhof Klagenfurt mit Bus 5310 bis zum Strandbad Maiernigg | **Anfahrt** von
der A 2 die Ausfahrt Klagenfurt-See nehmen, den Hinweisschildern bis zum Parkplatz
Strandbad Maiernigg folgen; ab dem Parkplatz gibt es eine genaue Fußwegbeschilderung |
**Öffnungszeiten** Mai–Okt. täglich 10–16 Uhr, während GTI-Treffen und Ironman
geschlossen | **Tipp** Auf dem Weg zum Komponierhäuschen stoßen Sie auf die Überbleibsel
einer großen Idee. Der Wiener Arzt Dr. Viktor Ohmacht wollte in den 1920er Jahren
unweit des Komponierhäuschens eine umfassende Lebensschule errichten. Sein »weißer
Turm am schwarzen Felsen« brannte 1960 aus.

# 32 Der Kopf des Bäckerjungen

*Wie Klagenfurt zu seinem Namen kam*

Es ist eine weitverbreitete Sitte, sich Städtenamen durch Sagen, Legenden oder Mythen zu erklären. Da macht auch Klagenfurt keine Ausnahme. Die wohl gängigste Deutung ist jene, die alle Kärntner Volksschulkinder zu hören bekommen: Die Furt über den Fluss Glan, die »Glanfurt«, habe zum Ortsnamen geführt. Und da im Mittelalter die Pest in den Sümpfen um die Stadt wütete, wurde aus »Glan« bald »Klagen«, da man viele Tote zu bedauern hatte.

Den slowenischen Namen Klagenfurts, »Celovec«, brachten Sprachforscher mit den »Cviliti«-Fröschen in Verbindung, oder sie vermuteten die Furtfrauen »Cvilja« als Namensgeber. Auch das lateinische »l'aquiliu« (Ort am Wasser) wurde als Basis der Ortsnamensgebung vermutet. Die Vermutung, dass das slowenische Wort für Klagen, »Cvilja«, den Ursprung für den Namen der Landeshauptstadt darstellt, wird heute als wahrscheinlichste Interpretation angesehen.

Am gruseligsten und wohl auch schönsten ist jene Erklärung, nach der ein unglücklicher Bäckerlehrling namensgebend war. Der am Erker des Hauses am Alten Platz Nummer 2 befindliche Steinkopf erinnert noch heute an die traurige Geschichte. Folgendes soll sich zugetragen haben: Der Lehrling kippte versehentlich die Geldsäcke, die sein Meister für die Bezahlung des Getreides vorgesehen hatte, in den Mehlstaub hinter einer Truhe. Der Chef beschuldigte den Lehrling des Diebstahls, und trotz der Unschuldsbeteuerungen des Jungen wurde dieser zum Tod durch den Galgen verurteilt. Kurz nach dem Tod des unglücklichen Jungen fand die Bäckersfrau die Geldsäcke. Der Bäckermeister und der Stadtrichter gerieten in Raserei, und ihre Klagen wollten nicht enden. Um das Unrecht in Erinnerung zu behalten, wurden am Haus des Bäckers – Alter Platz 2 – sowie am Stadtgefängnis – Alter Platz 23 – und auch im Hof der Herrengasse 2 Steinköpfe des unglückseligen Bäckerbuben angebracht.

**Adresse** Ecke Wiener Gasse / Alter Platz, 9020 Klagenfurt | **ÖPNV** vom Bahnhof mit Bus 80 oder 81 zum Heiligengeistplatz | **Anfahrt** Parkplatz Waagplatz, zu Fuß in Richtung Alter Platz | **Tipp** Hüte waren in den 50ern en vogue, und wer in der Wiener Gasse das Hutgeschäft Luise betritt, fühlt sich unweigerlich dorthin zurückversetzt: elegante Hüte für die Dame und den Herrn und feine Handschuhe bis über den Ellenbogen.

# 33__Das Koschat-Museum

*»Verlossn, verlossn wie a Stan auf da Stroßn«*

Das Koschat-Museum ist die Erinnerungsstätte an den bekannten Kärntner Liederfürsten, Sänger, Dichter und Feuilletonisten, Komponisten und Chorleiter. Er machte das Kärntner Lied populär und über die Grenzen hinaus, bis nach Amerika, bekannt. Das Museum zeigt seine Heimstätte in Klagenfurt und ist mit einem reichen Archiv und viel Persönlichem ausgestattet. Es ist auch möglich, sein Sterbezimmer zu besuchen. An das zwischen 1877 und 1906 entstandene Koschat-Quintett, seine weltweiten Erfolge und Auftritte in der Hofoper Wien erinnern Zeitungsartikel, Fotografien, Programmhefte und andere Andenken.

Thomas Koschat wurde als Kind Thomale gerufen. Sein Vater arbeitete in der Lodenfabrik der adeligen Familie von Moro. Da die Moros sich gerne mit Freunden im Schlosshof zum gemeinsamen Gesang versammelten, kam Thomale schon früh in Kontakt zur Musik. Josefine, die Schwester des Fabrikbesitzers, leitete den Viktringer Kirchenchor, und in diesem Zusammenhang wurde sie auf das Kind aufmerksam. Aufgrund seiner offensichtlichen Begabung wurde der Bub nach Klagenfurt ins Benediktinergymnasium geschickt. Nach der Matura studierte er in Wien Chemie und trat drei Gesangsvereinen bei. Er schaffte es bis zum Chorleiter der Wiener Hofoper. Danach tourte er mit dem Koschat-Quintett durch Europa und Amerika und spielte unter anderem auch Kärntner Lieder. Er verstand die von ihm komponierte Musik als musikalische Interpretation des Landes Kärnten, die er der ganzen Welt vermitteln wollte. Sein Liedwerk wird diesem Anspruch durchaus gerecht – er ist der bekannteste Liedkomponist Kärntens und steht damit stellvertretend für das Land der Chöre.

Abgesehen von seinem ehemaligen Gassenhauer »Verlossn, verlossn, wie a Stan auf da Stroßn« ist auch sein »Schneewalzer« heute noch in aller Ohren. Der Komponist erhielt auf dem Friedhof Annabichl ein Ehrengrab.

ZUR ERINNERUNG AN DEN
KÄRNTNER LIEDERFÜRSTEN

THOMAS
KOSCHAT
1845    1914

MGV. KOSCHATBUND
KLAGENFURT

17

chat-Muse

Adresse Viktringer Ring 17, 9020 Klagenfurt | ÖPNV vom Heiligengeistplatz mit
Bus 31 bis zur Landesregierung | Anfahrt von der A 2, Abfahrt Zentrum, über die
August-Jaksch-Straße bis zum Viktringer Ring | Öffnungszeiten Mai – Sept. Di – Do
10 – 12 Uhr | Tipp Das Portal der Verwaltungszentrale der Kelag (dem Museum
gegenüber) und die Dachgalerie im Süden und im Norden wurden vom Kärntner Künstler
Karl Brandstätter mit einer Glasinstallation und zwei »Wächtergruppen« gestaltet.

# 34_Das Kreuzbergl
## *Wie der Urwald zum Stadtwald wurde*

Als Kreuzbergl bezeichnet man die Erhebung zwischen den Hallegger Teichen, dem Kalvarienberg (588 Meter) und dem Falkenberg (671 Meter). Anlässlich eines Besuches des jungen Kaiser Franz Josef im Mai 1850 ließ die Stadt nach Plänen des Freiherrn Ritter von Kink diesen »Klagenfurter Hausberg«, vormals ein kleiner Urwald, kultivieren. Gemeint sind damit die Teichanlagen, die Schießstätte, zwei Lusthäuschen und die vielen Wanderwege.

Nach dem erfolgreichen Scheibenschießen des Kaisers beschloss die Stadt, diesen Wald als öffentlichen Erholungsort bereitzustellen, Blumenbeete wurden gepflanzt und Ruhebänke aufgestellt. Mit der großen Festwiese, der allen Klagenfurter Kindern gut bekannten »Spielwiese«, der Sternwarte, den Spazierwegen und Erholungsteichen war es ab diesem Zeitpunkt sowohl im Sommer als auch im Winter das Naherholungsgebiet der Kärntner.

Bis zum Ende des 18. Jahrhunderts wurde diese »Erhöhung« von nur 517 Meter Seehöhe Wölfnitzberg oder Steinbruchberg genannt. Der Wald war ursprünglich ein »Steinbruchkogel«, in dem Chloritschiefer – für Brunnenfassungen und Schwellen – gewonnen und silberhaltiger Bleiglanz sowie Eisen geschürft wurden. Aus dem Steinbruch führen Stollen in das Innere des Berges. Sie dienten im Zweiten Weltkrieg als Luftschutzbunker. Heute befindet sich dort, neben dem Botanischen Garten, das Bergbaumuseum.

Im 16. Jahrhundert wurde ein großer Block aus dem Steinbruch zum Bau des Lindwurms, dem Wahrzeichen der Stadt Klagenfurt, herausgeschlagen. 1692 errichtete man auf dem Berglein ein hohes Kreuz, das ihm seinen neuen Namen geben sollte. Das Sammelsurium unterschiedlicher Hölzer, Quell- und Bachflure, Sümpfe, Moore und Teiche, Farne, Pilze, Beeren und Orchideen verfügt über eine reiche Tierwelt, zum Beispiel 586 verschiedene Insekten- und Spinnenarten, darunter eine für die Wissenschaft gänzlich neue Kleinzikade.

**Adresse** Kreuzbergl 11, 9020 Klagenfurt | **ÖPNV** vom Heiligengeistplatz mit Bus 50 bis Haltestelle Kreuzbergl, von dort zu Fuß in Richtung Kirche | **Anfahrt** Abfahrt St. Martin von der A 2, dann über den Egger-Lienz-Weg zur Josefinumstraße, rechts zur Kinkstraße und von hier weiter bis zum ersten Kreuzberglteich | **Tipp** Oberhalb der Kreuzberglkirche befindet sich das Ausflugslokal »Schweizerhaus« mit bemerkenswerten Kasnudln und einer noch bemerkenswerteren Aussichtsterrasse.

# 35 __ Die Kulturradpfade

*Mit zwei Prozent durch die Landschaft*

Diese vielfältigen Radtouren im Raum Klagenfurt sollen sowohl einen Bezug zur Landschaft vermitteln als auch den Blick auf die Kulturgüter und ihre Geschichte schärfen. Leihräder und Verpflegung stehen bei einem moderaten Unkostenbeitrag zur Verfügung. So zum Beispiel traditionellerweise am 1. Mai, der als Familienradtag ausgerufen wurde. Es wird aber nicht nur durch die idyllische Kärntner Gegend geradelt, verschiedene Stationen sollen kulturgeschichtliches Wissen vermitteln. Ob es nun zu Burgen und Schlössern, zum Herzogstuhl, dem Botanischen Garten, dem Lendhafen, dem Tonhof in Maria Saal, zu Kunstwerken im öffentlichen Raum oder einfach nur ins Moor geht, für Abwechslung ist auf alle Fälle gesorgt. Auch die kulturelle Vielfalt im migrationsgeprägten Klagenfurt ist Teil einer geführten Tour. Ebenso die Fahrt zur Seewiese, dem Hang über dem Metnitzstrand des Wörthersees, auf dem schon die Römer ihre Rebstöcke hatten. Jetzt bauen die Stadtwinzer hier ihren Wein an.

Besonders hervorzuheben ist allerdings der Radpfad vorbei an den malerischen Mooren der Keutschacher Seenlandschaft. Dieses Landschaftsschutzgebiet ist geformt vom Drautaler Gletscher. Die mannigfaltige Vegetation im Seental und die verschiedenen geschützten Tierarten ermöglichen ein wunderschönes Naturerleben. Die Flach- und Niedermoore wirken wie romantische Inseln in den Wiesen und bieten durch ihre Mineralhaltigkeit die besten Lebensbedingungen für Tier und Pflanze.

Unabhängig von geführten Kultur-Radtouren ist es jederzeit möglich, Kärnten selbst zu entdecken. Vorbei an Stadeln mit roten Ziegelfenstern, Keuschen, Bildstöcken, Wegkreuzen und Marterln erschließt sich die Landschaft dem Auge. Schön und erholsam ist es, bei einem der vielen Landgasthäuser, Radl-Gaststätten oder Buschenschenken zu halten und sich eine echte Kärntner Brettljause mit einem Radler zu genehmigen.

**Adresse** Infobüro »Kulturradpfade«, Bahnhofsstraße 44, 9020 Klagenfurt, www.kulturradpfade.at | **ÖPNV** vom Heiligengeistplatz mit Bus 40, 41, 42 oder 80 bis zum Bahnhof | **Anfahrt** von der A 2, Abfahrt Zentrum, die August-Jaksch-Straße und Viktringer Ring bis zur Bahnhofstraße Richtung Bahnhof | **Tipp** Wer in Klagenfurt und am Wörthersee Urlaub macht, sollte neben der Badehose und viel Zeit unbedingt ein Rad bei sich haben oder sich eines beim Verein Impulse, Durchlaßstraße 44, ausleihen.

# 36 Der Kunstraum

*Beinbruch gegenüber der Galerie*

Wer sich den Knöchel verstaucht, auf der eisigen Straße ausrutscht und sich den Arm dabei bricht, wird nach gelungener Verarztung bei einem kleinen Spaziergang an der frischen Luft vor den Toren des Unfallkrankenhauses Klagenfurt ganz sicher einen Blick auf die gegenüberliegende Straßenseite werfen. Wovon werden die Blicke magisch angezogen?

Von Judith Walkers »Kunstraum«. Wer an Kunst in Kärnten denkt, der verbindet sie mit Walkers Namen, Interessierten ist ihre sehenswerte Galerie im Rosentaler Renaissanceschloss Ebenau über die Landesgrenzen hinaus bekannt. Seit 1996 wird dort bedeutende zeitgenössische internationale und österreichische Kunst gezeigt. Nun hat Judith Walker auch einen Ausstellungsraum in Klagenfurt, der von ihrer Tochter Carolin kuratiert wird. Was unterscheidet diese Galerie von anderen?

Er ist ein offener Kunstraum, der dem Betrachter Lust auf mehr machen will. Und da Kunst ja nicht nur durch ihre romantische Schönheit bestechen, sondern mit ihren Ecken und Kanten irritieren will und zum Nachdenken verführt, ist das hier genau der richtige Ort, um stehen zu bleiben und durch die Glasfenster zu schauen. Abwechslung vom Alltag ist damit garantiert. Die Grande Dame der Kärnter Kunstszene wurde in diesem Haus geboren. Die Architekten Sonja Gasparin & Beny Meier haben den Schauraum konzipiert, Tochter Carolin stattet ihn mit Bildern aus. Viel kann hier allerdings nicht ausgestellt werden, der Platz ist knapp bemessen. Andres als im Kunstschloss in Ebenau, wo Platz im ausladenden Schlosspark in Hülle und Fülle zur Verfügung steht und auch entsprechend genutzt wird, ist hier Optimieren angesagt. Ein einziges Gemälde an einer Wand erreicht mitunter mehr an Wirkung als ein Bild neben und über dem anderen. Der Phantasie sind keine Grenzen gesetzt, um dem geheimnisvollen Eigenleben des Gemäldes auf die Spur zu kommen.

**Adresse** Richard-Wagner-Straße 34–36, 9020 Klagenfurt, www.galerie-walker.at |
**ÖPNV** vom Heiligengeistplatz mit Bus 60 oder 61 bis zum Unfallkrankenhaus | **Anfahrt**
Abfahrt A 2, Zentrum, bis zur Kreuzung Waidmannsdorfer Straße, rechts abbiegen |
**Öffnungszeiten** Mo–Fr 15–18 Uhr, Sa 10–12 Uhr | **Tipp** Judith Walker betreibt im
Rosental, unweit von Ferlach, im Schloss Ebenau eine international anerkannte Galerie
und einen Skulpturenpark unter anderem mit Werken von Bruno Gironcoli.

# 37__Die Landschaftsapotheke

*Die Scheintote vom Alten Platz*

Auf dem Alten Platz, im ältesten Teil der Stadt Klagenfurt, befindet sich gegenüber dem Kärntner Heimatwerk die Landschaftsapotheke. Schöne Fassaden zieren die Bürgerhäuser und Adelspalais, die teilweise von italienischen Baumeistern im 16. und 17. Jahrhundert errichtet wurden. In diesen prunkvollen Gebäuden lebten auch die eigentlichen Stadtherren, die Landstände. Diese Landesvertretung wurde auch als »die Landschaft« bezeichnet. Im 16. Jahrhundert bekamen die Landstände ihre »Landschaftsapotheke«. Es war nicht nur eine Ehre, eine Apotheke der Landstände zu sein, die Inhaber hatten auch strenge Auflagen zu erfüllen, die von den Landständen als Stadtverantwortlichen kontrolliert wurden … Über die Jahrhunderte hinweg war die Geschichte der Apotheke im einstigen Gaisruckerhaus von Aufschwung und Niedergang geprägt, jeweils abhängig von Kriegs- und Friedenszeiten, aber auch von den kaufmännischen und pharmazeutischen Fähigkeiten ihrer oftmals wechselnden Besitzer.

Um dieses historisch bedeutsame Gebäude, das bis zum Pfarrplatz mit seinem sagenumwobenen Kirchturm reicht, haben sich viele Legenden gebildet. Eine der gruseligsten ist wohl die Geschichte der Scheintoten. Das Bild eines Mannes in der Kleidung des 18. Jahrhunderts, das bis 1970 an einem Fenster im zweiten Stock zu sehen war, galt als Sinnbild dieser Sage. Nachdem die Apothekergattin verstorben und fast beerdigt war, schnitt der diebische Totengräber einen Ring vom Finger der Toten, worauf diese mit einem Schrei aus ihrem Scheintod aufschreckte. Den Totengräber traf der Schlag. Die Frau wankte nach Hause. Ihr Mann sah aus dem Fenster und verlor aus Schock die Sprache, als er seine verstorben geglaubte Frau erblickte.

Die Landschaftsapotheke ist seit dem Jahr 1932 im Besitz der Familie Auer, das sehenswerte historische Innere mit all seinen Porzellantiegeln und Dosen ist erhalten geblieben.

**Adresse** Alter Platz 32, 9020 Klagenfurt, www.auer-apo.at | **ÖPNV** vom Bahnhof mit Bus 80 oder 81 zum Heiligengeistplatz | **Anfahrt** Parkplatz Waagplatz, dann zu Fuß zum Alten Platz | **Öffnungszeiten** Mo–Fr 8–18 Uhr, Sa 8–12 Uhr | **Tipp** Ungefähr 150 Meter Richtung Osten befindet sich im alten Rathaus ein Arkadeninnenhof im Stil der Renaissance.

# 38 Das Landwirtschafts- museum

*Der Bauer im Schloss Ehrental*

Im Norden Klagenfurts, hinter dem Flughafen, breitet sich auf drei Stockwerken des Schlosses Ehrental das landwirtschaftliche Museum aus. Das kraftvoll wirkende Gebäude liegt auf einer Terrasse am Fuß des Ehrentaler Berges. 1645 wurde es erstmals urkundlich erwähnt. Das Schloss ist ein Beispiel dafür, dass bei einer Renovierung oft mehr zerstört als erhalten wird. Im Westsaal befand sich ursprünglich ein großes Wandgemälde aus der Schule des Barockmalers Ferdiand Fromiller, über das heute, nach seiner Zerstörung, nur noch Urkunden Auskunft geben. Der Bau selbst stammt aus dem 17. Jahrhundert.

Auf einer Ausstellungsfläche von 1.200 Quadratmetern ist anhand von 8.000 Exponaten das Arbeits- und Alltagsleben sowie die Geschichte der in Kärnten angesiedelten Bauern zu entdecken. Ob es sich um Hand- oder Maschinenarbeit handelt – jede Entwicklung im bäuerlichen Arbeitsleben wird beleuchtet. Penibel wurden Alltagsgegenstände aus vergangener Zeit zusammengetragen und oft sorgsam restauriert. Der Bogen der Geschichte und Arbeitswelt der Kärntner Bauern spannt sich von steinzeitlichen Werkzeugen bis zum ersten Mähdrescher der Zeit nach dem Krieg.

Im Schlosspark spaziert man durch den »Karolingischen Garten« und den Kräutergarten mit Gewürz- und Heilkräutern. Museumspädagogische Programme ermöglichen ein spielerisches Verstehen und Lernen für Jung und Alt. Einzelne Wachstumsstadien der Pflanzen, Blütenstand und Ernte des Korns, werden ebenso erklärt wie die wichtigsten Getreidearten und Alternativkulturen. In der Grünland- und Ackerschau erhält man wertvolle Informationen über die Natur, den Anbau des Getreides und die landschaftliche Umgebung. Über einen idyllischen Waldlehrpfad mit zehn interessanten Schautafeln wird das »Ökosystem Wald« anschaulich nähergebracht.

**Adresse** Ehrentaler Straße 119, 9020 Klagenfurt, www.landwirtschaftsmuseum.at | **ÖPNV** vom Heiligengeistplatz mit Bus 41 bis Haltestelle Ehrenhausener Straße | **Anfahrt** Abfahrt Klagenfurt Nord von der A 2 Richtung Klagenfurt in die Magereggerstraße abbiegen, diese bis zur Kreuzung Ehrenhausener Straße weiterfahren, dann links halten und den Schildern bis zum Museum folgen | **Öffnungszeiten** Di, Mi, Do 10−16 Uhr | **Tipp** Anfang Oktober feiert die, in unmittelbarer Nachbarschaft befindliche, Gartenfachschule ein großes traditionelles Erntedankfest mit eigenen landwirtschaftlichen Produkten.

# 39_Das Lapidarium
## Neues Leben in antiken Römersteinen

Lapidarium bedeutet Steinesammlung und kommt vom römischen »lapis«, Stein. Die antike Sammlung des Landesmuseums in Klagenfurt musste 2005 für das neue Verwaltungszentrum Platz machen. Die 130 Römersteine der antiken Sammlung wurden zuerst für ein paar Jahre in einem Zwischenlager untergebracht und dann nach langer Suche ausgelagert. Das Depot bestand teilweise aus einem Hinterhof, wo die Kulturschätze auf ihre Erweckung warteten, oder sie lehnten in dicken Plastikfolien an der Museumsmauer. Es war gar nicht einfach, einen entsprechenden Ort zu finden, an dem man die Erinnerungen an die Römerzeit professionell, geschützt und fachgerecht unterbringen und montieren konnte.

Den alten Steinen wurde 2008 neues Leben eingehaucht: 13 römische Ausstellungsstücke sind heute gegenüber dem Museum zu finden. Schautafeln mit Beschriftungen und Luftaufnahmen römischer Städte wie Virunum und Teurnia vermitteln ein wenig Einblick durch den Ausblick. Mehr über das Leben der römischen Bevölkerung erzählen uns jedoch die Steine. Sie berichten einerseits vom Ruhm nach heldenhaften Kämpfen, von tapferen Legionären, aber auch vom Alltag der Römer. Wir können ihren Kleidungsstil, ihre Vorlieben für Schmuck und Waffen nachvollziehen, ihnen beim Arbeiten, aber auch beim Trauern um einen geliebten Menschen zuschauen.

Der Mittelpunkt von Herrschaft und Macht befand sich sowohl während der Zeit der Kelten als auch zur Zeit der römischen Besatzung ab 45 v. Chr. bis ins 6. Jahrhundert auf dem nördlich des heutigen Klagenfurt gelegenen Zollfeld. Vereinzelte römische Ansiedlungen wurden auch auf dem Spitalsberg hinter dem Klinikum nachgewiesen. Kärnten war aus unterschiedlichen Gründen so interessant für die Römer: Einer davon war sicher die günstige Lage am Verkehrsweg in den Süden. Das erklärt auch, warum von den 2.000 Römersteinen aus ganz Österreich beachtliche 900 in Kärnten gefunden wurden.

**Adresse** Mießtaler Straße 1, 9020 Klagenfurt | **ÖPNV** vom Heiligengeistplatz mit Bus 31 bis zum Europagymnasium | **Anfahrt** von der A 2, Abfahrt Zentrum, über die August-Jaksch-Straße bis zum Viktringer Ring | **Tipp** Im benachbarten Schützenpark befindet sich Europas einziges tadschikisches Teehaus. Der damalige Bürgermeister brachte es in den 90er Jahren des vorigen Jahrhunderts von einer Städtepartnerreise als »Souvenir« mit.

# 40 Der Lendhafen

*Die Lendspiele im Hafen*

Der Titel klingt ein wenig nach den Tributen von Panem – den Hungerspielen. Es ist aber keineswegs grausam, was hier stattfindet. Im Gegenteil: Künstlerische Kreativität und internationales Miteinander werden großgeschrieben. Bei dem einzigartigen Projekt geht es um die kulturelle Weiterentwicklung der Stadt. Der Ort dafür ist der Lendhafen. Dieser ehemalige Verladeplatz war im 16. Jahrhundert als Wasserzufuhr für den Stadtgraben künstlich angelegt worden.

Eines ist klar, es ist nicht »für die Fische«, was hier seit 2008 jährlich angeboten wird, sondern: Kunstgenuss pur. Der Verein »Lendhauer« sieht sein Ziel darin, durch die Verwirklichung seiner diversen künstlerischen Projekte einen phantasievollen Beitrag zu einem zeitgemäßen und über die Grenzen offenen Kärnten zu leisten. Im Hafen und entlang der Wasserstraße laden die »Lendhauer« jährlich zwei Künstler oder Künstlergruppen ein, temporäre Installationen zu realisieren. Bei freiem Eintritt sind diese dann etwa sechs Wochen lang zu betrachten.

Die unterschiedlichsten künstlerischen Aktionen sollen irritieren, zum Nachdenken und Hinschauen anregen. Ob man sich nun mit der Geschichte und Politik des Lendkanals auseinandersetzt, hier großes Kino veranstaltet, den Bachmannpreis vergibt, »lendart«, Ausstellungen, Installationen, Literaturmatinees oder Konzerte stattfinden – die freudige Aufbruchstimmung, die die Lendhafen-Kunstmeile erfasst hat, lässt kaum jemanden kalt. Kurzlebige Eventkultur ist genauso wenig angesagt wie billige Effekthascherei. Es geht um eine qualitative, zeitgeistige, kritische und alternative Auseinandersetzung mit dem, was unter Kunst und Kultur verstanden wird.

Dieser lange Zeit brachliegende und düstere Ort unten am Kanal ist jetzt ein wichtiger Meilenstein der Stadtteilbelebung und Revitalisierung, ein gelungener Treffpunkt neugieriger und interessierter Menschen geworden.

**Adresse** Lendhafen, 9020 Klagenfurt, www.lendhafen.at | **ÖPNV** vom Bahnhof (über den Heiligengeistplatz) mit Bus 80 oder 81 zur Haltestelle Lendhafen | **Anfahrt** Parkplatz Waagplatz, dann zu Fuß zum Lendhafen | **Tipp** Mediterranes Lebensgefühl pur stellt sich beim Picknicken an der Hafenmauer ein.

# 41 Der Lendkanal

*Eine historische Wasserstraße*

In Klagenfurt macht es Spaß, die Gegend auf dem Wasserweg zu erkunden. Die »Lend« ist ein romantischer Kanal, der auf knapp vier Kilometern Länge von der Innenstadt zum Wörthersee hin verläuft. Im 16. Jahrhundert war er Transportweg für Bau- und Heizmaterial und Wasserspender für den Stadtgraben. Aber auch Prunkschiffe der Adeligen und Spazierschiffe wohlhabender Bürger legten hier an. Sogar Gondeln aus Venedig waren auf dem Kanal unterwegs. Klagenfurt wurde damals hauptsächlich über diesen Wasserweg versorgt.

Der Name »Lend« stammt vom mittelhochdeutschen »Lente«, was Hafen oder »Verladeplatz auf dem Wasser« bedeutet. Die heutigen Ausflugsboote verkehren zwischen dem Lendhafen und der Anlegestelle Lido, die Fahrt dauert eine Dreiviertelstunde. Die Schiffe halten an mehreren Stationen. Durch den sogenannten »Lendspitz« bei Schloss Maria-Loretto ist der Kanal mit dem Wörthersee verbunden.

Zwei der zehn über die Lend führenden Brücken sind architektonisch beachtenswert. Die »Steinerne Brücke«, 1535 erbaut, ist die älteste erhaltene Brücke in Kärnten. Im Sommer ist sie ein beliebter Treffpunkt für Kinder und Jugendliche. Interessant anzusehen ist, wie durch die Spiegelung im dunklen Kanalwasser der steinerne Halbbogen zu einem Rundbogen wird. Die schönste der Brücken ist der im Jahr 1902 im Jugendstil erbaute Rizzisteg, benannt nach dem Dichter Vinzenz Rizzi. Die Befestigungsmauern des Treidelpfades, der unter der Brücke durchführte, sind noch zu sehen. Durch den Aushubwall liegt der Kanal im Sonnenschatten.

Winter um Winter friert die Lend verlässlich zu. Ab Dezember tummeln sich Einheimische und Touristen auf dieser langen Eislaufbahn. Sieht man vom Spazierweg oberhalb des Kanals auf die bunten Massen auf dem Eis, erinnern die Schlittschuhläufer an jene auf den Wintergemälden Breughels aus dem 16. Jahrhundert.

**Adresse** Lendhafen Anlegestelle, 9020 Klagenfurt | **ÖPNV** vom Bahnhof (über den Heiligengeistplatz) mit Bus 80 oder 81 zur Haltestelle Lendhafen | **Anfahrt** Parkplatz Waagplatz, dann zu Fuß zum Lendhafen | **Öffnungszeiten** Fahrplan: Mai–Sept. 10.50 und 15 Uhr | **Tipp** Ein Muss für Eisliebhaber – steigen Sie bei der Steinernen Brücke aus und gönnen sich in einem der beiden Eisgeschäfte bei der Brücke ein kühlendes Eis. Am besten setzt man sich dabei auf die Brückenmauer und genießt südländisches Flair.

# 42 Der Literaturwanderweg

*Auf den Spuren von Ingeborg Bachmann*

Die berühmteste Tochter der Stadt, Ingeborg Bachmann, eine der bedeutendsten deutschsprachigen Lyrikerinnen und Prosaschriftstellerinnen des 20. Jahrhunderts, wurde am 25. Juni 1926 in Klagenfurt geboren und am 25. Oktober 1973 auf dem hiesigen Friedhof Annabichl beigesetzt.

Auf der Suche nach ihren Spuren in der Stadt führt einen der Weg in die Ursulinengasse, wo Bachmann die »Oberschule für Mädchen« besuchte. Beachtlicherweise verfasste sie ihre Deutschmatura in Hexametern. Später übersiedelte das Gymnasium in die Ferdinand-Jergitsch-Straße 21. Weiter geht es Richtung Stadttheater, wo die Bachmann-Büste des italienischen Bildhauers Marco Tomasi steht. Vorbei am Künstlerhaus gelangt man in die Henselstraße 26: Hier lebte die Familie ab 1933 – das Haus ist heute noch in Familienbesitz. Von hier aus geht es weiter aufs Kreuzbergl. Von den zehn Wanderwegen auf dem Klagenfurter Hausberg führen drei zum See. Ingeborg Bachmann hat sie in ihrer Erzählung »Drei Wege zum See« verewigt. Das Ingeborg-Bachmann-Geburtshaus liegt in der Durchlaßstraße 35, die mit den Bussen der Linien Nummer 40 oder 42 zu erreichen ist. Von 1925 bis 1933 lebte die Familie hier.

Nächste Station der Literaturwanderung ist das Bachmann-Gymnasium mit einem Denkmal, auf dem eine Gedichtzeile aus »Böhmen liegt am Meer« verewigt ist. Der Weg dorthin führt an der Westschule vorbei, in der Bachmann ihre Volksschulzeit verbrachte. Interessant ist auch das Musilhaus in der Bahnhofstraße, das der Schriftstellerin einen ganzen Raum widmet. Ebenfalls in der Bahnhofstraße liegt das Gebäude der ehemaligen Lehrerbildungsanstalt, in dem Bachmann einen Abiturientenkurs belegte.

Die Schriftstellerin, die fast 20 Jahre in Klagenfurt lebte, kehrte erst nach ihrem Tod zurück. Ihre »letzte Station« auf dem Friedhof Annabichl ist im Feld XXV, Klasse 1, Reihe 3, Nummer 16 zu finden.

**Adresse** Tourismusamt Klagenfurt, Neuer Platz 1, 9020 Klagenfurt | **ÖPNV** vom Bahnhof mit Bus 80 oder 81 zum Heiligengeistplatz | **Anfahrt** Parkplatz Waagplatz, dann zu Fuß zum Alten Platz | **Tipp** In der ersten Juliwoche finden alljährlich zu Ehren Ingeborg Bachmanns die Tage der deutschsprachigen Literatur statt – kurz »Bachmannpreis« genannt. Dieses Wettlesen sollte für Literaturbegeisterte Grund genug sein, Klagenfurt zu besuchen.

# 43__Die Lorettokapelle

## *Marienverehrung und Katastrophenszenarien*

Burggraf Orsini-Rosenberg ließ 1652 Schloss Loretto im italienischen Stil auf einer felsigen Insel am Ostufer des Wörthersees erbauen. Acht Jahre später wurde die Kapelle errichtet. Sie ist eine Nachbildung der im italienischen Wallfahrtsort Loreto verehrten »Casa santa«, jenem legendären heiligen Haus Marias, das Engel von Nazareth bis Ancona getragen haben sollen. Vermutlich waren es aber Kreuzfahrer. Ebenfalls ist sie Denkmal des Sieges Kaiser Ferdinands in der Schlacht am Weißen Berg bei Prag 1620, an der auch Orsini-Rosenberg beteiligt war. Beide, das historische Schloss mit der großzügigen Freitreppe und die Kapelle, wurden im großen Brand von 1708 zerstört und erst 60 Jahre danach wiederaufgebaut. Durch die Mündung des Lendkanals und der Sattnitz in den See ist dieser Ort von romantischer Schönheit. Aus der ehemaligen Insel wurde durch Aufschüttung eine Halbinsel.

Das eigentliche Highlight der Kapelle stellt die italienische schwarze Madonna von 1652 dar. Diese Madonnenstatuen kamen mit den Kreuzfahrern nach Europa. Die Marienverehrung in Kärnten ist häufig in der Gegenreformation begründet. Spannend und unheimlich stellen zwei der Votivbilder Katastrophenszenarien aus 1754 nach: ein »erschröcklich und ungestümes Sturmwetter mit grausamem Wind, das dergleichen niemals auf dem Werthsee zu erhören gewest«, und den von einem grellen Blitz getroffenen Domturm in Klagenfurt.

Interessant ist auch der aus Holz geschnitzte St.-Johanna-Außenaltar, mit großen gebogenen Türen verschließbar. In Österreich gibt es nur zwei Kapellen mit Außenaltar. Links am Altarsockel ist das Wappen der Familie Orsini-Rosenberg zu sehen, eine hübsche fünfblättrige Rose auf weißem Grund. 2002 erwarb die Stadt Klagenfurt die gesamte Anlage. Mittlerweile ist das Anwesen verpachtet und wird von einem findigen Gastronomen als »Hochzeitsraum im Schloss Maria Loretto« geführt.

**Adresse** Lorettoweg 52, 9020 Klagenfurt | **ÖPNV** vom Heiligengeistplatz mit Bus 10 beziehungsweise Bäderbus zum Strandbad | **Anfahrt** Abfahrt Minimundus von der A 2, Richtung Strandbad | **Öffnungszeiten** nach Rücksprache, Tel. +43 (0)463/21258 | **Tipp** Wer Anfang August in Klagenfurt ist, kommt in den Genuss eines der besten Beach-volleyballturniere Europas am Gelände des Strandbades Klagenfurt.

# 44_ Die Löwen von Klagenfurt

*Die wahren Regenten der Stadt*

Wer Spaß an Schnitzeljagden oder Ratespielen hat, ist hier am richtigen Ort: in der Stadt der Löwen. Was natürlich schon das erste Rätsel aufwirft. Warum sollte in Klagenfurt, der Lindwurmstadt, nicht nach Drachen oder Dinosauriern gesucht werden, sondern nach dem König der Tiere?

Der Löwe ist das Wappentier der Spanheimer, und dieses Adelsgeschlecht hat seine Spuren in der Stadt hinterlassen. Das über 750 Jahre alte Kärntnerwappen zieren drei Löwen. Beeindruckend und repräsentativ für die Vorherrschaft des Königs in der Tierwelt ist das »Löwenhaus«. In der Wienergasse – der ältesten Fußgängerzone Österreichs – steht dieses Altstadthaus mit der beachtlichen Löwenkopffassade. Seinesgleichen wird kaum zu finden sein, befindet sich doch jeweils über jedem der acht Fenster ein Löwenkopf mit gekröntem Haupt.

Von den ursprünglich vor den Klagenfurter Stadttoren postierten steinernen Wächtern sind nur noch drei zu sehen. Ein Löwe kauert am Stauderplatz auf einem Sockel, der zweite, ein grimmiger Geselle, ist zu einem Teil eingemauert am Heuplatz Nummer 7, und der dritte, ebenfalls eingemauert, lauert im Hauseck Kardinalplatz / Getreidegasse auf Besucher. Viele der Bürgerhäuser hatten ihren eigenen Torlöwen. Leider sind die beiden Löwenbrunnen, ehemals am Alten Platz und im Landhaushof, verschwunden und nur noch auf alten Aufnahmen auszumachen.

Mit scharfer, gezielter Sucherlinse wird man überall in der Stadt als Zierrat oder als Standbilder die Kärntner Wappentierchen finden. In etwa 15 dieser königlichen Tiere, die zwischen 1.800 und 300 beachtlichen Jahren zählen, sind noch erhalten. Teilweise bestehen sie aus Kreuzberglschiefer, aus Holz und sogar aus schwarzem Marmor aus Krain. Übrigens nennen die Kärntner ihre Löwen zärtlich »Löwalan«.

**Adresse** Wiener Gasse 6, 9020 Klagenfurt | **ÖPNV** vom Bahnhof mit jedem Bus zum Heiligengeistplatz | **Anfahrt** Parkplatz Waagplatz, zu Fuß in Richtung Alter Platz | **Tipp** Wer sich's im Café Pontasch, direkt neben der Löwenfassade, gemütlich macht, glaubt sich in eine kitschige Variante der k. u. k. Monarchie zurückversetzt – Biedermeier pur.

# 45_ Der Luftschutzbunker

*Ein Graffiti-Relikt aus dem Zweiten Weltkrieg*

Jugendliche haben aus einem traurigen Überbleibsel aus der NS-Zeit, einem Luftschutzbunker, ein buntes Wahrzeichen mitten im Kreuzberglwald gemacht. Ein gewaltiger Betonturm gegenüber dem Pavillon neben der Spielwiese gemahnt an die Kriegszeit in Klagenfurt. Junge Sprayer, deren Graffiti-Kunst lange als illegale Schmiererei verpönt war, wurden von der Stadt gebeten, im Rahmen legaler Street-Art unter anderem diesen Bunker künstlerisch zu gestalten. Davor war es so, dass er besonders häufig illegal besprüht wurde. Sobald es dem Putztrupp gelungen war, den Turm zu reinigen, kamen des Nachts die nächsten Sprayer. Jetzt halten sich die Auftrags-Graffiti schon seit Langem am grauen Gemäuer. Das Universum mit seiner Unendlichkeit und das Chamäleon mit seiner Wandelbarkeit werden dargestellt.

Vielen jungen Läufern, die hier die Waldwege entlangsprinten, wird wohl die Graffiti-Kunst ein Begriff sein, die Geschichte des Turms jedoch kennen möglicherweise nur wenige.

1942 hatte das Regime des Dritten Reiches in Klagenfurt begonnen, Luftschutzbunker für die Bevölkerung zu errichten. Einer davon war im Steinbruch unter dem Kreuzbergl, er bestand aus einem größeren Stollensystem. Zeitweise war im Felsenbunker neben einem Lazarett und dem Rundfunksender auch die Gauleitung untergebracht. Der Bunkerschutzturm wurde auf einem Luftschacht gebaut, der einen 354 Meter langen Stollen mit frischer Luft versorgte. Die Stollengewölbe unter dem Wald boten bis zu 6.000 Personen bei den 48 Bombenangriffen aus der Luft Schutz.

Die drei unheimlichen Fresken auf der äußeren Turmmauer, die vielen Klagenfurter Kindern Schauer über den Rücken jagen, zeigen »den fliegenden Tod« mit Fackel, Sense und Stundenglas, links von der Tafel »die brennende Stadt mit dem Stadtpfarrturm und schutzsuchenden Frauen mit Kindern« und rechts außen »die helfende Krankenschwester, umringt von Hilfesuchenden«.

**Adresse** Kreuzbergl Richtung Schweizerhaus, 9020 Klagenfurt | **ÖPNV** vom Heiligengeistplatz mit Bus 50 bis Haltestelle Kreuzbergl, von dort zu Fuß weiter in Richtung Kirche | **Anfahrt** Abfahrt St. Martin von der A 2, dann über den Egger-Lienz-Weg zur Josefinumstraße, rechts zur Kinkstraße und von hier weiter bis zum ersten Kreuzberglteich | **Tipp** Wer an weiteren Graffitis interessiert ist, findet einige auf den Brückenpfeilern unter der Autobahn- und Eisenbahnbrücke über den Lendkanal auf der Höhe der Villacher beziehungsweise Tarviser Straße.

# 46__Die Museumstramway

*Eine Fahrt in die Vergangenheit*

Die Geschichte der Klagenfurter Verkehrsmittel gerät oft in Vergessenheit. Nicht so bei den Straßenbahnen. Seit dem Jahr 1976 existiert die Klagenfurter Museumstramway. Sie tuckert vom Buffet »Zur Tramway«, dem Ausgangspunkt der Fahrt, auf einer Länge von ungefähr einem Kilometer mit vier Haltestellen ins Naturschutzgebiet »Im Moos«. Endpunkt ist das Landschaftsschutzgebiet »Lendspitz«, ein bei Jugendlichen sehr beliebter Treffpunkt. Dort ist eine Ausstellung zur Geschichte des Klagenfurter Nahverkehrs zu sehen. Einstige Beiwagen der Lokalbahn Innsbruck, gezogen vom Eigenbautriebwagen 25, Baujahr 1988, werden für die Fahrten eingesetzt. Für Antrieb und Bewegung sorgen Elektromotor und Akkumulatoren. Sobald man einsteigt und die Reise beginnt, fühlt man sich zurückversetzt in die Zeit der »guten alten Tram«.

Die Museumstramway Klagenfurt See, auch Lendkanaltramway genannt, wird vom Verein Nostalgiebahnen in Kärnten betrieben. In den Sommermonaten ist diese nostalgische Bahn als Elektro- beziehungsweise Pferdetramway unterwegs. Das Ziel des Vereins war es, eine anschauliche Wegstrecke für die restaurierten alten Tramways zu schaffen. 40 Fahrzeuge aus unterschiedlichen Epochen und europäischen Ländern konnten angeschafft werden.

Als besondere Attraktion an den Sommerwochenenden, bei Tramwayfesten oder auf Bestellung gelten die Fahrten mit Pferdekraft. Ein Haflinger namens »Max« zieht den Waggon. Wegen der hohen Kosten wurde der Pferdebetrieb allerdings zugunsten eines elektrischen Akku-Triebwagens reduziert. Anfangsschwierigkeiten aufgrund des hohen Radstandes der Sommerwagen im engen Lendbogen konnten inzwischen erfolgreich behoben werden.

Der Imbisswagen »Zur Tramway« am Streckenbeginn am Lendkanal ist ein ehemaliger Beiwagen der Stubaitalbahn. Hier werden kleine Erfrischungen angeboten, die einen für die Nostalgiefahrt stärken.

**Adresse** Wilsonstraße 37, 9020 Klagenfurt, www.nostalgiebahn.at | **ÖPNV** vom Heiligen-geistplatz mit Bus 10 beziehungsweise Bäderbus zum Strandbad | **Anfahrt** Abfahrt Mini-mundus von der A 2, Richtung Strandbad | **Öffnungszeiten** Juli–Aug. Sa und So 10–18 Uhr | **Tipp** An der gleichen Adresse befindet sich das Klagenfurter Kinomuseum mit einer reich-haltigen Schau in die Vergangenheit des Kinos und der Filmvorführung.

# 47 — Das Musilhaus

*Der wohl bedeutendste Sohn der Stadt*

Anders als seine Eltern, Alfred und Hermine, die immerhin sieben Jahre in Klagenfurt lebten, verbrachte der bedeutende Schriftsteller Robert Musil nur elf Monate in der Landeshauptstadt. Knappe elf Monate alt wurde seine ältere Schwester Elsa, die hier am Friedhof in St. Ruprecht begraben ist. Auch wenn er die jung verstorbene Schwester nicht kannte, malte er sich oft aus, wie seine Kindheit mit ihr an seiner Seite wohl verlaufen wäre. Überhaupt dachte er in seinen Tagebüchern über die Bedeutung seiner Geburt am 6. November 1880 in Klagenfurt nach. Doch kaum jemand verbindet den klassischen Dichter der Moderne heute noch mit dieser Stadt.

Sein Geburtshaus fungiert seit dem 6. November 1997 – dem 117. Geburtstag des Schriftstellers – als Literaturmuseum. Es zeigt neben Dauerausstellungen zu Robert Musil, Ingeborg Bachmann und Christine Lavant auch Teile aus Musils persönlichem Nachlass. In unmittelbarer Nähe vom Hauptbahnhof gelegen, bietet es dem interessierten Reisenden die Möglichkeit, hier seine Kulturstationen durch Klagenfurt mit einer literarischen Pause zu beginnen. Die imponierende Gedenktafel vom österreichischen Bildhauer Fritz Wotruba zieht schnell den Blick auf sich.

Das markante gelbe Gebäude wurde 1867 nach Plänen von Christian Placeriano im Renaissancestil erbaut. Beim Betreten des Hauses fällt der Reisekoffer der Musils auf. So werden die Besucher bereits im Erdgeschoss mit den Emigrationsjahren der Familie konfrontiert. Es wurde peinlichst genau darauf geachtet, dass hier nur ausgestellt wird, was in einem direkten Zusammenhang zu Musils Geburt sowie seiner Beziehung zu Klagenfurt steht. Das Museum lässt dadurch Luft zum Atmen.

Im Parterre ist das Robert-Musil-Literatur-Museum untergebracht und im ersten Stock das Robert-Musil-Institut für Literaturforschung der Universität Klagenfurt.

**Adresse** Bahnhofstraße 50, 9020 Klagenfurt, www.musilmuseum.at | **ÖPNV** vom Heiligengeistplatz mit Bus 40, 41, 42 oder 80 bis zum Bahnhof | **Anfahrt** von der A 2, Abfahrt Zentrum, die August-Jaksch-Straße und Viktringer Ring bis zur Bahnhofstraße Richtung Bahnhof | **Öffnungszeiten** Mo–Fr 10–17 Uhr | **Tipp** Wen in seinem Urlaub der Lesehunger befällt, ist in der Arbeiterkammerbibliothek, Bahnhofsplatz 3, an der richtigen Adresse.

# 48 Der Napoleonstadl
## *Wo Napoleon seine Pferde abstellte*

Das Haus am St. Veiter Ring 10 wurde, einer alten Überlieferung nach, »Napoleonstadl« genannt. Als der Franzosenkaiser noch General in Kärnten war, soll er seine Pferde hier untergebracht haben. Vielleicht zu der Zeit, als er sich angeblich in Scholastica, die schöne Tochter des Spezereienhändlers Vinzenz Bergamin, verliebte?

Der Stadl liegt idyllisch im Park, nur warteten hier nicht Pferde auf Napoleon und seine Gefolgschaft, sondern das alte Magistrat hatte hier ab 1847 sein »Markthüttendepositorium«. Das flache Gebäude mit den Lünetten und dem Walmdachfenster wurde Mitte des 19. Jahrhunderts von Alois Cargnelutti gebaut. 100 Jahre später übernahm das Stadttheater das Depot und brachte hier seine Kulissen unter. Ende des 20. Jahrhunderts wurde das Gebäude zum Ausstellungsraum mit Kaffeehaus umgebaut. Nur die Außenmauern blieben bestehen, der Innenraum wurde völlig neu gestaltet und bot ab sofort der Kärntner Architektenvereinigung ausreichend Platz und Raum. Lohn für diese Anstrengung war der Anerkennungspreis für Architektur des Landes.

Das Café hat in den Jahren unterschiedliche Pächter erlebt. Erst dem heutigen Betreiber »Fuzzy« Mischkulnig ist es gelungen, dem »Parkhaus« einen Platz in Klagenfurts Lokalszene zu sichern. Obwohl mit dem Namen der Achterjägerpark gemeint ist, liegt darin auch ein Augenzwinkern in Erinnerung an das Märchen von Napoleon und seinen hier geparkten Pferden. In diesem regen Kulturraum finden ständig Veranstaltungen statt, wie Vorträge, Messen, Filmabende, Workshops, Ausstellungen, Konzerte, die sich vom jährlichen Rockabend bis hin zu Groove, Soul, Jazz und Pop erstrecken. Jeden Freitag gibt es Party mit zahlreichen regionalen und internationalen DJs. Ein Highlight: DJane Nina Love. Vor dem Gebäude sitzt man im Schatten alter Bäume mitten im Grünen und fühlt sich ein wenig wie in einer Oase inmitten des Lärms der Innenstadt.

**Adresse** St. Veiter Ring 10, 9020 Klagenfurt, www.architektur-kaernten.at | **ÖPNV** vom Bahnhof mit Bus 80 oder 81 zum Heiligengeistplatz | **Anfahrt** Parkplatz Waagplatz, dann zu Fuß in Richtung Stadttheater | **Öffnungszeiten** Mo, Di und Do 9–12 Uhr | **Tipp** Das Kleinmayrgartl des Stadthauses ist auf den Resten der alten Stadtmauer angelegt. Hoch über dem ehemaligen Stadtgraben lädt die Gartenterrasse zum Rasten abseits des städtischen Lärms ein.

# 49___Der neue »Neue Platz«

*Der Architekt und der Drache*

Als nach dem großen Brand von 1514 die Stadt wiederaufgebaut wurde, erhielt der Neue Platz seine zentrale Stellung. Flankiert von Bürgerhäusern, die, obwohl ihre Fassaden heute nicht mehr daran erinnern, ebenfalls aus der Zeit der Renaissance stammen, befindet sich in der Mitte der Lindwurm, das Wahrzeichen der Stadt. Dieser wurde um 1590, der Brunnen mit Herkules und Renaissancegitter um 1636 fertiggestellt.

Ingeborg Bachmann erwähnt das Ensemble leicht ironisch: »Der heilige Georg steht auf dem Neuen Platz, steht mit der Keule, und erschlägt den Lindwurm nicht. Daneben die Kaiserin steht und erhebt sich nicht …«

Um das steinerne Ungeheuer ranken sich viele Sagen. Im Mittelalter soll ein Drache in einem Moor bei Karnburg gehaust haben. Er verschlang Mensch und Tier, verbreitete Furcht und Schrecken. Daher ließ der Herzog einen Turm am Rande des Moors erbauen, und seine Knechte banden einen Stier an eine Kette mit Widerhaken. Das Ungeheuer stürmte aus dem Sumpf, stürzte sich auf den Stier und begann ihn zu verschlingen. Doch die Widerhaken hinderten ihn an seinem Tun. Je wilder das Untier an der Kette zerrte, desto tiefer gruben sich die Eisen in seinen Rachen. Die Knechte erschlugen es mit ihren Keulen. Heute noch sieht man im Stadtwappen den Turm mit dem Sagentier.

Der renommierte Architekt Boris Podrecca, mit k. u. k. Familiengeschichte, hat den Neuen Platz 2008 zu einem modernen Stadtplatz mit 65 Platanen umgestaltet. Der Stadtplanungsexperte hatte die Idee, den Neuen Platz zu öffnen, um die umliegenden Gebäude stärker zur Geltung kommen zu lassen. Über den Drachen denkt er: »In Klagenfurt steht der Lindwurm in der Mitte des Platzes. Er ist zwar nicht kunsthistorisch relevant, aber emblematisch. Das heißt, er trägt zur Identität der Stadt bei, denn er ist unverwechselbar. Jemand, der hier war und ihn gesehen hat, vergisst ihn nicht.«

**Adresse** Neuer Platz, 9020 Klagenfurt | **ÖPNV** vom Bahnhof mit jedem Bus zum Heiligengeistplatz | **Anfahrt** Parkplatz Waagplatz, dann zu Fuß zum Neuen Platz | **Tipp** Zwischen dem Heiligengeistplatz (zentrale Bushaltestelle) und dem Neuen Platz liegt der Kiki-Kogelnik-Brunnen. Es ist das Vermächtnis der international bedeutenden Kärntner Künstlerin an die Landeshauptstadt.

# 50__Der Nymphenbrunnen
*Labsal an heißen Sommertagen*

Viele Klagenfurter Kinder spielen auf dem Spielplatz im Schubertpark, turnen auf den Geräten, klettern auf die Bäume und bauen Burgen in der Sandkiste. Wenn ihnen vom Herumtollen und Fangen-
spielen heiß wird und die Eltern gerade nicht hersehen, huschen sie
zum Brunnen und löschen ihren Durst. Dass dieser Brunnen unter
Denkmalschutz steht und den Jugendstil verkörpert, wird kaum einem der Kinder bewusst sein. Was ihnen hingegen sicher auffällt, ist
die schöne weiße Marmornymphe, die einen hässlichen Mann am
Bart zu sich in den Brunnen zieht. Die gesamte Anlage ist gruselig
und romantisch zugleich.

1935 stellte Carl Langler, ein Kunststudent, den Nixen- oder Un-
dinenbrunnen fertig, eine der letzten Arbeiten seines Meisters und
Lehrers, dem bedeutenden Klagenfurter Bildhauer Josef Kassin. Seine Büste steht im angeschlossenen Goethepark. In der mit Moos
überwachsenen Naturstein-Grottennische, die in der Stützmauer des
ehemaligen Kleinmayr-Gartens, dem heutigen Stadthaus, am einstigen Wall eingebaut ist, sind die schön gearbeiteten Marmorfiguren
des Wassergeistes und der Nymphe zu bewundern. Undinen oder
Nixen sind weibliche, jungfräuliche Wassergeister. Sie werden oft
als Nymphen dargestellt. Seenymphen haben durchaus ihre dunklen Seiten. Ärgern sie sich über die Besatzung eines Schiffes auf dem
Meer, kehrt diese nicht mehr ans Ufer zurück. Man hüte sich davor,
eine Nymphe ins Wasser zu werfen oder von ihr angeschmachtet zu
werden. So geschah es Hylas, einem wunderschönen Jüngling und
Liebling des Gottes Herakles. Als Hylas einmal auf der Argonauten-
fahrt an Land ging und aus einer Quelle Wasser trank, erregte seine
Schönheit das Verlangen der Quellnymphe so sehr, dass sie ihn in
die Tiefe zog und ertränkte.

Das Flair der beiden Parks resultiert aus deren kunsthistorischer
Bedeutung und der idyllischen Lage mit Brunnen und angrenzen-
der Architektur.

**Adresse** Schubertpark, 9020 Klagenfurt | **ÖPNV** vom Bahnhof mit Bus 80 oder 81 zum Heiligengeistplatz | **Anfahrt** Parkplatz Waagplatz, dann zu Fuß in Richtung Stadttheater | **Tipp** Das Stadtpalais Herbertstöckl gilt als Prototyp des Kärntner Herrenhauses des 18. Jahrhunderts. Es ist optisch mit dem Goethepark verbunden und schließt an dessen Südseite an. Das immer offene geschmiedete Eisentor lädt zum Eintreten ein.

# 51__Die Riesenköpfe

*Asyl für ungeliebte Kunstwerke*

Wer sich im Aussichtsboot vom Lendhafen in der Innenstadt von Klagenfurt Richtung Wörthersee den Kanal entlangschippern lässt, wird knapp nach der Unterführung Villacher Straße erschreckt seine Augen aufreißen. Die grünen malerischen Wiesen sind wohl weiterhin noch da, doch jetzt starren dem Besucher die leeren Augen einer riesigen Steinfigur entgegen. »Das ist der Hofnarr«, wird ihm der Fremdenführer auf dem Kanalboot mit einem Schmunzeln erklären. »Und wenn Sie Zeit haben, sollten Sie sich auch die Fassade des Hotels Seepark ansehen. Nicht umsonst nennen sie die Einwohner der Stadt den ›Klagenfurter Emmentaler‹. Wie der Schweizer Käse ist die Aluminiumfassade mit großen Löchern übersät. Außerdem wird die Zufahrt zum Hotel von zwei weiteren Riesenköpfen bewacht. König und Königin lassen nicht jeden Gast eintreten.«

»Hofnarr«, »König« und »Königin« sind drei Riesenköpfe aus Gips. Ursprünglich hatten die Figuren ihren Standort in Osttirol. Der Stadtgemeinde Lienz waren die drei imposanten Noblen vom Hof jedoch für weitere Bauzwecke, nämlich den Bau einer Tiefgarage, im Wege. Daher musste sich Hannes Neuhold – der Künstler und Besitzer der je vier Meter hohen »Natursteinköpfe« – auf die Suche nach einer neuen standesgemäßen Unterkunft für seine Steinheiligen machen. Der gebürtige Grazer ist in Klagenfurt fündig geworden, wo seine Skulpturen, die an die Gestalten der Osterinseln erinnern, eine neue Heimat gefunden haben.

Nicht uninteressant ist die Tatsache, dass keine 100 Meter weiter, zurück in die Innenstadt, Minimundus liegt: In der »kleinen Welt am Wörthersee« finden sich neben dem Buckingham Palace, der roten Mauer, dem Eiffelturm und der Kathedrale Sagrada Familia viele weitere architektonische Wahrzeichen.

Eines jedoch fehlt: die rätselhaften Steinmonumente der Osterinseln. Womit wir wieder bei den drei überdimensionalen Natursteinköpfen wären …

**Adresse** Universitätsstraße 104, 9020 Klagenfurt | **ÖPNV** vom Heiligengeistplatz mit Bus 10 bis Strandbad | **Anfahrt** Abfahrt Minimundus von der Autobahn A2 | **Tipp** Ein wenig die Straße weiter kommen Sie zum Hotel-Restaurant Rösch: gute lokale Küche mit einem außergewöhnlichen Strandhaus gegenüber am Satnitzdelta zum Wörthersee.

# 52 Der Schrottenturm

*Ein verhextes Industriedenkmal*

An der Klagenfurter Stadtgrenze Richtung Krumpendorf am Wörthersee ragt der Turm einer Schrotkugelmanufaktur aus dem ausgehenden 19. Jahrhundert mit seinen 67 Metern aus dem zum See abfallenden Wald. Wie ein mahnender Zeigefinger streckt er sich in die Höhe. Bis in die 70er Jahre des vorigen Jahrhunderts wurde oben eine Gastwirtschaft betrieben. Es war möglich, über eine innere viereckige Wendeltreppe bis ganz nach oben zu steigen, wo sich dem Besucher ein wunderbarer Blick auf den Wörthersee bot.

Obwohl es an Interessenten nicht mangelte, haben sich, zum Kummer der Einheimischen und der Touristen, seither alle Revitalisierungspläne zerschlagen. Cafés, Luxusrestaurants, Künstlerateliers und Bürokomplexe konnte man sich dort vorstellen, doch alle Projekte und neuen Pläne scheiterten. Eines der Klagenfurter Wahrzeichen ist dem Verfall preisgegeben. Ist der Turm verhext?

Das legendäre Bauwerk, das der Herstellung von Schrotkugeln diente, wurde zwischen 1818 und 1824 im Auftrag von Johann von Rainer-Harbach durch friulanische Baumeister errichtet. Das Bundesland Kärnten nahm damals mit sechs Türmen eine Ausnahmestellung ein: Nirgendwo in Mitteleuropa gab es so viele Schrotkugeltürme wie im Gold-, Eisen- und Bleiland Kärnten. 1850 wurde die Schroterzeugung nach Saag und Gailitz-Arnoldstein ausgelagert, der Turm wurde seither nicht weiter genutzt und 1893 außer Betrieb gesetzt. Ab 1927 diente er als Aussichtsplattform und etablierte sich als beliebtes Ausflugsziel vieler Kärntner. Einige Legenden ranken sich um das Bauwerk. So soll es möglich gewesen sein, durch das Hinunterschleudern alter, verrotteter Gegenstände Schrot zu erzeugen. Zudem sei der Turm die Zufluchtsstätte des Lindwurms gewesen.

Heute sind Schrottürme meist als Industriedenkmäler erhalten. Es bleibt zu hoffen, dass dem Klagenfurter Turm dieses Schicksal erspart bleibt.

**Adresse** Villacher Straße 354, 9020 Klagenfurt | **ÖPNV** vom Heiligengeistplatz mit Bus 20 bis Haltestelle Schrottenturm | **Anfahrt** Abfahrt Minimundus von der A 2 Richtung Krumpendorf | **Tipp** Wer den Film »Shining« kennt, sich in Klagenfurt große Mengen Schnee vorstellen kann, sieht sich mit dem historischen »Hotel Wörthersee« an Stanley Kubricks Film erinnert.

# 53 Die Seewiese

*Bacchushügel über dem See*

Schon im frühen Mittelalter wurde Weinbau in Klagenfurt am Wörthersee betrieben. Vorwiegend bauten die Klöster Rebstöcke zur Erzeugung von Messwein an. Als sich Mitte des 14. und Anfang des 17. Jahrhunderts das Klima verschlechterte, kam hier der Weinbau zum Erliegen. Nur der nahe gelegene Weingarten unterhalb des Schlosses Hollenburg erlebte im 17. und 19. Jahrhundert noch eine Blüte.

Seit 2003 betreibt die Kärntner Weinbaukooperative »Die Stadtwinzer« den Weingarten der Landeshauptstadt. Auf der Seewiese Ried stehen auf einer Fläche von 1,2 Hektar 2.630 Rebstöcke. Rebsorten: Zweigelt, Merlot, Sankt Laurent, Blauburger, Riesling, Sauvignon blanc, Weißburgunder, Chardonnay. Die Seewiese Ried liegt an einem Südhang über dem Metnitzstrand auf einer Seehöhe von 460 bis 480 Metern. Jährlich werden etwa 2.800 Flaschen Kärntner Qualitätswein produziert. Davon 60 Prozent Rotwein und 40 Prozent Weißwein. Die dreimal jährlich stattfindenden Brauchtumsfeuer auf der Seewiese – am Karsamstag, zur Sonnenwende und am 10. Oktober – werden dazu genützt, das Rebschnittmaterial und die Äste der gefällten Bäume des Weingartens zu verbrennen. Die daraus entstandene Asche wird als Kalidünger für die Rebstöcke verwendet.

Das Klima in Kärnten ist für den Weinanbau sehr gut geeignet. Auch die erstklassige Qualität des Tafelobstes, das Vorkommen von Edelkastanien und Trüffelpilzen sowie der Maisanbau profitieren davon. Bereits zur Zeit der Römer und noch früher bei den Kelten hatte der Weinbau in Kärnten seine erste Blütephase. Auf erhalten gebliebenen Römersteinen sind Weinreben dargestellt. Ein erster sicherer Nachweis für den Anbau in Kärnten ist eine Erwähung aus dem Jahre 822: In einer Schenkungsurkunde wird ausdrücklich ein Weingarten erwähnt. Und jetzt hat Klagenfurt wieder einen Weingarten und belebt damit die alte Tradition der Kelten und Römer wieder.

**Adresse** Freyenthurn / Seewiese, 9020 Klagenfurt, Tel. +43 (0)660/3106410 | **ÖPNV** vom Heiligengeistplatz mit Bus 10 beziehungsweise Bäderbus bis Haltestelle Schiffsanlege-stelle | **Anfahrt** Abfahrt Minimundus von der A 2, Richtung Strandbad, Abzweigung Freyenthurn | **Tipp** Wer Wein in Flaschen bevorzugt, kommt in der Vinothek Sussitz auf seine Rechnung. Der findige Geschäftsmann verkauft nicht nur Wein, sondern auch Gewürze und erlesene Lebensmittel. Zu finden in der Feldkirchnerstraße, nahe dem Klinikum.

# 54__Der Spionerker

*Sehen und nicht gesehen werden*

Wer früher wissen wollte, was sich vor seiner Eingangstür abspielte, ohne selbst gesehen zu werden, baute sich kühn in die Fassade seines Hauses einen sogenannten Spionerker. Wie zum Beispiel in dem alten Handelskontor des 18. Jahrhunderts am Alten Platz geschehen.

Die Vorderseite des Hauses »Zur Blauen Kugel« besticht durch ihre liebliche Dekoration mit zwitschernden Vögeln und Pilastern. Das Besondere an diesem Ensemble ist der gläserne Spionerker, aus dem sich auch noch heute das muntere Treiben auf dem Platz beobachten lässt. »Spione« sind in der Architektur kleine Fenster in der Fassade eines Hauses, die den neugierigen Blick auf Eingang, Straße oder einen Platz ermöglichen. Der Spion, auch bezeichnet als Guckfenster, Guckloch oder Fensterluke, verhalf dem Hausbesitzer zur Kontrolle des Geschehens außerhalb seines Anwesens, aus diesem Grund ist er stets in Augenhöhe gebaut. Dadurch unterscheidet er sich von einer Oberlichte, die aufgrund ihrer Höhe nicht zum Spionieren geeignet ist.

Ursprünglich war das Haus der Adelssitz der von Linsee, von Valvasor und von Kaiserstein. Den Namen »Zur blauen Kugel« erhielt das Gebäude erst von einem Handelsmann mit unbekanntem Namen, der das Haus 1772 erstand und es vergrößerte.

Der Alte Platz zeichnet sich durch das fast unberührt gebliebene Nebeneinander historischer Fassaden aus. Unterschiedliche geschichtliche Epochen wie Renaissance, Barock und Biedermeier laden zum Nachdenken und Träumen ein. Wer lebte wann in einem dieser Stadtpalais und wer in einem der Bürgerhäuser? Über manche dieser Biografien weiß man Bescheid, andere werden für immer im Dunkeln bleiben.

Wie auch die Geschichte der Person, die den Spionerker im Haus »Zur blauen Kugel« einbauen ließ. War es ein eifersüchtiger Ehemann, jemand, der beschaulich Spaziergänger beobachten wollte, oder ein vom Kontrollzwang geplagter Händler?

**Adresse** Alter Platz 24, 9020 Klagenfurt | **ÖPNV** vom Bahnhof mit Bus 80 oder 81 zum Heiligengeistplatz | **Anfahrt** Parkplatz Waagplatz, zu Fuß in Richtung Alter Platz | **Tipp** Bevor der Benediktinerplatz 1948 zum Marktplatz der Stadt wurde, war dies über viele Jahrhunderte der Alte Platz. Am Wochenende der ersten Augustwoche feiern die Stadtrichter zu Clagenfurth diese fast vergessene Tradition mit einem großen Flohmarkt.

# 55_ Der Stadtpfarrturm

*Wo Tote zum Leben erweckt werden*

Die Stadt Klagenfurt wird vom fast 100 Meter hohen Turm der Stadtpfarrkirche St. Egid überragt. Kindern wird erzählt, so hoch der Turm, so tief ist der Wörthersee. Schaut man vom Pfarrplatz in die Höhe, erfasst einen ein leichter Schwindel. Doch es zahlt sich aus, den Turm mit seinen 225 Stufen zu erklimmen. Stufe um Stufe, bis einem die Luft ausgeht.

Danach kann man sich auf der Aussichtsplattform in über 70 Meter Höhe erholen und den atemberaubenden Panoramarundblick über die Altstadt, den Wörthersee, die Karawanken, bis zur Koralpe genießen. Oben, so nahe an der Glocke, hat man das Gefühl, die Engel singen einem direkt ins Ohr.

Der Turm stammt aus dem Jahre 1725. Bis 1966 lebte hier eine Türmerin. Diese Wohnung dient heute als Ausstellungsraum. Ältere Klagenfurter Bürger erzählen gerne bei einem gemütlichen Kaffee die Sage ihres Stadtpfarrturmes. Einst wohnte hier der Türmer, der alle 60 Minuten die Runde machte, um die Stunde zu verkünden. Um Mitternacht musste nach Süden der Hornruf unterbleiben, denn dort lag der Friedhof. Die Totenruhe durfte nicht gestört werden. Einer der Türmer wurde von seinen Zechkumpanen wegen seiner Unfähigkeit verspottet. Ihnen zum Trotz wollte er nach Süden rufen, um die Toten in die Stadt zu holen. Als die Uhr Mitternacht verkündete, blies er zornig ins Horn. Die Gräber öffneten sich, und unheimliche Gerippe stiegen heraus. Im Mondlicht schritten sie auf den Turm zu. Als der Türmer sie sah, sank er vor Schreck erstarrt zu Boden. Nun erklommen die Geister den hohen Turm, und ihre Hemden flatterten grausig im kühlen Nachtwind. Der Erste versuchte mit seinen knöchernen Fingern den zitternden Türmer zu ergreifen. Doch da brach der neue Tag an, und die Skelette fielen in sich zusammen und krochen zurück zum Friedhof St. Ruprecht. Seither traute sich kein Türmer mehr, um Mitternacht nach Süden zu rufen und die Toten aus ihrem Schlaf zu wecken.

**Adresse** Pfarrplatz 4, 9020 Klagenfurt, www.st-egid-klagenfurt.at | **ÖPNV** vom Bahnhof mit jedem Bus zum Heiligengeistplatz | **Anfahrt** Parkplatz Waagplatz, zu Fuß zum Pfarr-platz | **Öffnungszeiten** Führungen April–Sept. Mo–Fr 10–17 Uhr und Sa 10–11.30 Uhr, alle 45 Minuten | **Tipp** Im Inneren der Kirche wird auf einem Votivbild dargestellt, wie der Zimmergeselle Martin Koinitsch am 14. Oktober 1834 vom Turm in die Tiefe stürzt und das wundersam unversehrt überlebt.

# 56_ St. Egid

*Grußbotschaften aus dem Jenseits*

Die Außenmauern der Stadtpfarrkirche sind mit denkwürdigen skurril-makabren Grabsteinen aus der Zeit zwischen dem 16. und 18. Jahrhundert gepflastert. Wie damals üblich, hatte das mittelalterliche Klagenfurt seine Begräbnisstätten unmittelbar bei den Gotteshäusern. Bürger, Handwerker, Gewerbebetreibende, deren Gesellen und Bedienstete bekamen ihre letzte Ruhe auf dem engen Platz rund um die Kirchen. Adel und Patriziat hingegen ließen sich im Kircheninneren standesgemäß bestatten. Pestopfer wurden hier jedoch nicht begraben, diese bekamen ihre letzte Ruhe am Heiligengeistplatz, auf dem bis ins 16. Jahrhundert ein Spital mit eigenem Friedhof stand.

Noch heute erzählen die Grabsteine vom einstigen Friedhof bei St. Egid ihre kurzen Geschichten. Man erfährt, dass Eltern ihre sechs in kurzer Folge verstorbenen Kinder betrauerten, die sechs dargestellten kleinen Kindersärge sprechen ohne Worte. Berührend ist auch der Grabstein, den ein Bildhauer seiner kleinen Tochter Catarina im Jahre 1610 setzte. An der Außenmauer sind zwei Marmortafeln angebracht, darauf ein Auszug aus Julian Greens Tagebuch, religiöse Reflexionen des tiefgläubigen Katholiken.

Aber auch das Innere der einschiffigen Barockbasilika mit acht Kapellenausbuchtungen zu beiden Seiten gibt einiges her. Nicht viele wissen, dass der bekannte Schriftsteller Julian Green hier seine letzte Ruhestätte in der zweiten Kapelle rechts, umgeben von leuchtend weißem Carraramarmor, fand. Warum in Klagenfurt? Julian Green wollte vermeiden, dass sein Körper später ausgegraben würde, wie das auf dem Friedhof Père Lachaise und andernorts in Frankreich heute noch geschieht.

Neben der Apokalypse-Kapelle von Ernst Fuchs sind Werke bedeutender Kärntner Künstler zu bewundern. Bei einem Rundgang durch die Kirche ist das Fegefeuer beim ersten goldgeschmückten Hochaltar ein nicht zu versäumender Fixpunkt.

Adresse Pfarrplatz, 9020 Klagenfurt, www.st-egid-klagenfurt.at | ÖPNV vom Bahnhof mit Bus 80 oder 81 zum Heiligengeistplatz | Anfahrt Parkplatz Waagplatz, zu Fuß zum Pfarr-platz | Tipp Zur vollen Stunde verzaubert den Betrachter der skurrilen Grabsteininschriften ein besonderes Schauspiel: Das Glockenspiel auf der Südseite des Turms. Eine tanzende Gesellschaft bewegt sich zum Spiel der Glocken.

# 57 __ St. Georgen am Sandhof

## *Von der Beauty und dem römischen Reitersoldaten*

Auf dem Weg durch den kleinen idyllischen Ort St. Georgen am Sandhof bleibt man unwillkürlich vor dem alten Feuerwehrhaus, erbaut 1889, stehen und zieht die Luft ein. »Gott zur Ehr', dem Nächsten zur Wehr« prangt in Rundschrift auf dem bunten barocken Bauwerk.

Am Friedhof fällt vor dem Eingang der Kirche das in Stein gemeißelte Porträt eines schönen Mädchens mit Schmuckkästchen und Spiegel auf. Die Beauty dürfte eine keltische norische Frau gewesen sein. Der Betrachter erfährt durch die schöne Maid etwas über das Leben dieser Zeit. Die norische Tracht ist auch von anderen Steinporträts aus dem 1. Jahrhundert nach Christi, die am Zollfeld gefunden wurden, bekannt. Das schwere, ärmellose Kleid ist knöchellang und im Ziehharmonikastil gefaltet. Es wird von zwei Fibeln über den Schultern zusammengehalten. Möglicherweise trägt das Mädchen darunter ein eng anliegendes Kleid mit langen Ärmeln. Das Fehlen der Kopfbedeckung und der breite Gürtel weisen darauf hin, dass das Mädchen noch nicht verheiratet ist. Vielleicht handelt es sich um eine Dienerin? Jedenfalls deuten die dargestellten Accessoires – Spiegel und Schmuckkassette – auf eine kriegsfreie Zeit hin, in der man sich anderen Tätigkeiten als dem Kampf widmen konnte.

Nicht weit von St. Georgen befindet sich an der Einfahrt zu einem Privatbesitz, Herzoghofweg 40 in Blasendorf, die Grabstele eines römischen Reitersoldaten mit dem klingenden Namen Tiberius Claudius Attucius. Sie wurde ursprünglich in Virunum gefunden und auf die Mitte des 1. Jahrhunderts nach Christi datiert. Unter den Grabinschriften in St. Georgen ist auch ein bewaffneter Reitersoldat zu sehen – bestens ausgerüstet mit Helm, Schild, Schwert und zwei Lanzen. Aus den Inschriften geht hervor, dass es sich bei der Darstellung auf dem Sockelbild um den erwähnten tapferen Soldaten Tiberius Claudius Attucius des Cohors I aus Noricorum handelt.

**Adresse** Sandhofweg 24, 9020 Klagenfurt | **ÖPNV** vom Heiligengeistplatz mit Bus 42 bis St. Georgen am Sandhof | **Anfahrt** Abfahrt Flughafen von der A 2 Richtung Flughafen | **Tipp** Wer hier am späten Nachmittag die Schöne und ihren Soldaten bewundert hat, sollte sich bei einer kräftigen »Brettljausn« mit Most in einem der beiden Landgasthäuser beim Zeughaus stärken.

# 58_Das Strandbad Loretto

*Badevergnügen wie in den 20er Jahren*

Wer nicht ins Strandbad Klagenfurt möchte, radelt wenige Minuten weiter die Lend entlang unter schattigen Bäumen zum kleineren Bad Loretto. Es liegt auf der einzigen Halbinsel in der Ostbucht des Wörthersees. Ein eingeschränkt großer Parkplatz bietet auch die Möglichkeit, mit dem Auto herzufahren. Durch seine idyllische Lage vor dem Schloss Maria Loretto stellt das Bad eine schöne Alternative zu den anderen Seebädern rund um den See dar. Wegen seiner Überschaubarkeit ist es vor allem für Eltern mit Kindern und erholungssuchende Städter zu empfehlen. Der über 100 Jahre alte Baumbestand vermittelt eine beruhigende Atmosphäre und spendet großzügig Schatten auf der 6.000 Quadratmeter großen Grünfläche. Im Strandbad Loretto lässt sich auf alle Fälle der Sommer am Wörthersee genießen. Von der 1652 erbauten und beim Brand von 1708 zerstörten Schlossanlage sind unter anderem Reste eines freistehenden Turms, heute Teil des Seebades, erhalten geblieben.

1835 als Militärschwimmschule erbaut, wurde das Bad ab 1908 der Öffentlichkeit zugänglich gemacht, 1955 wurden 100 Kabinen dazugebaut. Leider wurde Ende 1970 ein Großteil der Kabinen wieder abgerissen und die Steganlagen trotz des Protestes der Badegäste verkleinert. Dieser Eingriff ist aber mitverantwortlich für den angenehmen familiären Charakter der Anlage. Ende 2002 verkaufte die Familie Orsini Rosenberg das Bad und das angrenzende Schloss an die Klagenfurter Stadtwerke. Fünf lange Holzstege erstrecken sich heute in den grün schillernden See und laden zum Sonnenbaden oder zum Sprung in die erfrischende Kühle ein. Vom Sprungbrett köpfeln in erster Linie Jugendliche. Planschen lässt es sich auch im abgetrennten Nichtschwimmerbereich. Ein Spielplatz ist ebenfalls vorhanden.

Auf der Rückseite des Seebades befindet sich die Mündung des Lendkanals, der seit dem Jahr 1527 Klagenfurt mit dem Wörthersee verbindet.

**Adresse** Lorettoweg 54, 9020 Klagenfurt | **ÖPNV** vom Heiligengeistplatz mit Bus 10 beziehungsweise Bäderbus zum Strandbad | **Anfahrt** Abfahrt Minimundus von der A 2, Richtung Strandbad | **Öffnungszeiten** Juni – Aug. ab 8 Uhr, Mai und Sept. ab 10 Uhr | **Tipp** Das Restaurant »Maria Loretto« am Ende der Halbinsel verfügt über eine schöne Holzterrasse mit idyllischem Seeblick und ansehnliche Fischgerichte aus Wörtherseefang.

# 59__Die Thalia

*Schiff ahoi!*

Der ungekrönte Star der Wörtherseeschifffahrt ist die »Thalia«. Seit geraumer Zeit steht Österreichs letztes Schraubendampfschiff unter Denkmalschutz.

Neben dem berühmten Flaggschiff der Flotte fahren noch drei weitere Dampfer, die sowohl im Linienverkehr eingesetzt als auch gechartert werden können. Rund 130 Personen können pro Schiff auf der 16,5 Kilometer langen Strecke befördert werden. Der Ausflug startet in Klagenfurt, führt nach Velden und retour, an neun Stationen wird Anker geworfen. Die Fahrt in eine Richtung dauert 1,45 Stunden.

An Bord wird keinem langweilig, das Repertoire erstreckt sich von der Frühstückstour bis hin zum Singletreffen. Es ist möglich, den Sonnenaufgang, den Sonnenuntergang und sogar den Mondschein auf dem grün schillernden Wörthersee zu erleben. Für jeden ist etwas dabei, für Junge, Alte, Familien, Paare, Einsame und Zahlreiche. Von Hochzeiten über Geburtstagsfeiern, Geschäftsessen bis hin zu Vernissagen hat hier schon einiges an Events stattgefunden. 2014 fand am 15. August die alljährliche Marien-Schiffsprozession das 60. Mal statt. 1954 fuhr die Marienstatue, damals noch das Original, zum ersten Mal über den See. Jetzt wird sie von Hunderten von Wallfahrern begleitet.

Ursprünglich war die Schiffsfahrt über den See keine reine Vergnügungstour, sondern eine der Möglichkeiten, von Velden zur Arbeit nach Klagenfurt zu gelangen. Arbeiter, Büroangestellte, Bauern, Güter und Lasten wurden transportiert, im Sommer wie im Winter. Erst zu Beginn des 20. Jahrhunderts begann mit der Jungfernfahrt der »Thalia« die neue Ära der Schraubendampfschiffe, die nicht mehr ausschließlich Transport- und Verkehrsmittel waren, sondern dem vergnügten Entspannen auf dem Wasser dienten.

Seekranke sollten sich vorsehen, auch der ruhige Wörthersee wirft mitunter Wellen.

**Adresse** Friedelstrand 3, 9020 Klagenfurt, www.wsg.co.at | **ÖPNV** vom Heiligengeistplatz mit Bus 10 beziehungsweise Bäderbus bis Haltestelle Schiffsanlegestelle | **Anfahrt** Abfahrt Minimundus von der A2 Richtung Strandbad | **Öffnungszeiten** April−Okt. ab 10 Uhr | **Tipp** Am Anfang des Friedelstrandes befindet sich Klagenfurts beliebtestes Ausflugs-restaurant. Das »Lido« ist ein klassischer Bau der Wörthersee-Architektur mit einer atemberaubenden Terrasse.

# 60__Das Volxhaus

*Die Frankfurter Küche im kommunistischen Pressehaus*

Margarete Schütte-Lihotzky, geboren 1897 in Wien, gestorben 2000, war eine Pionierin. Und das nicht nur, weil sie als erste Frau in Österreich ein Architekturstudium an der Wiener Kunstgewerbeschule absolviert hat. Sie ist auch für das Konzept der »Frankfurter Küche« bekannt – und schrieb damit Architekturgeschichte. Die Frankfurter Küche steht für die Rationalisierung der Handlungsabläufe im Haushalt und ist somit gewissermaßen das Vorbild für die moderne Einbauküche. Wie an einem industriellen Arbeitsplatz sollte alles Notwendige leicht erreichbar sein. Daher ist diese Küche äußerst kompakt und entsprach damit dem neuen Massenwohnungsbau. Margarete Schütte-Lihotzky ging es darum, angemessenen Wohnraum für sozial schwächer Gestellte zu schaffen.

Doch sie war nicht bloß Schöpferin der heutigen Einbauküche. Die bedeutende kommunistische Architektin entwarf im Sozialbau weitere bahnbrechende Modelle, baute innovative Kindergärten und konzipierte Einrichtungsgegenstände. 1948 bis 1950 plante und errichtete sie in Klagenfurt am Südbahngürtel 24 das Volkshaus Ljudski Dom und schrieb damit ebenfalls Geschichte. Damals als Verlagsgebäude der kommunistischen Tageszeitung »Volkswille« konzipiert, bietet das Haus heute Kulturraum für eine Gruppe von Kärntner Slowenen und den Balkan Klub.

Wegen ihrer Zugehörigkeit zur KPÖ wurde Margarete Schütte-Lihotzky jahrzehntelang boykottiert. Ihr politisches Engagement im Widerstand brachte sie in Gestapo-Haft. Die späte Anerkennung durch den Staat Österreich und die damit verbundene Ehrung durch Bundespräsident Waldheim lehnte sie aufgrund ihrer politischen Überzeugung ab. Ein Ehrenzeichen für Wissenschaft und Kunst könne sie von einem Mann mit bekundeter Nazivergangenheit nicht entgegennehmen. Das weiße Gebäude in Bahnhofsnähe wartet vorerst noch auf eine entsprechende Würdigung durch die Stadt Klagenfurt.

**Adresse** Südbahngürtel 24, 9020 Klagenfurt | **ÖPNV** vom Heiligengeistplatz mit Bus 40, 41, 42 oder 80 bis zum Bahnhof | **Anfahrt** von der A 2, Abfahrt Zentrum, die August-Jaksch-Straße und Viktringer Ring bis zur Bahnhofstraße Richtung Bahnhof | **Tipp** Die Kinkstraße am Fuße des Kreuzbergls ist ein bewohnter Architekturpark. An der Ecke zum Golgathaweg befindet sich eine Villa nach Plänen der Architektin.

# 61__Der Wappensaal

## *Der Tizian aus Kärnten*

Das Klagenfurter Landhaus befindet sich im ältesten Teil der Innenstadt. Der großräumige Hof verlockt immer wieder unterschiedliche Postkartenfotografen zu verschneiten Winteransichten. Betritt man den großen Wappensaal im ersten Stock des Klagenfurter Landhauses, in dem auch heute noch der Landtag tagt, fällt als Erstes der wunderschöne barocke Marmorboden in Weiß, Rot und Schwarz des Venezianers Francesco Robba auf.

Danach wird der Blick magnetisch von den Gemälden und Fresken des Barockmalers Josef Ferdinand Fromiller an Decke und Wänden angezogen.

Besonders hervorzuheben ist ein als Tafelbild gerahmtes und auf 1740 datiertes Fresko an der Nordwand. In dieser Darstellung der »Zeremonie der Einsetzung des Kärntner Herzogs am Fürstenstein bei Karnburg« blickt ganz am linken Rand des Bildes, leicht übersehbar, der Maler selbst aus dem Bild. Es ist eines der wenigen Selbstporträts Fromillers und erinnert stark an jenes Bild des italienischen Renaissancemalers Tiziano Vecellio, Tizian genannt, das in der Santa Maria Gloriosa dei Frari in Venedig zu finden ist. Das Altargemälde, »Madonna des Hauses Pesaro«, von 1526 schmückt die Pesaro-Kapelle an der Nordwand des Mittelschiffes. Auch dort wird aus dem Bild auf den Betrachter geblickt. Nur handelt es sich nicht um Tizian selbst, sondern der junge Lunardo da Pesaro (ein Mitglied der Stifterfamilie) sieht neugierig aus dem Bild heraus. Sowohl bei Fromillers spätbarockem Werk als auch bei Tizians Renaissancegemälde scheinen die Augen dem Betrachter zu folgen, egal in welche Richtung er sich bewegt.

Ganz im dekorativen Geist des 18. Jahrhunderts ist der Übergang zwischen Einsetzungsfresko und den 655 Wappen als illusionistische Trompe-l'Œil-Malerei gestaltet. Beim flüchtigen Hinsehen glaubt der Betrachter, über sich eine Galerie aus ionischen Säulen zu sehen, und fragt sich: Wo führt der Aufgang dort hin?

**Adresse** Landhaushof, 9020 Klagenfurt | **ÖPNV** vom Bahnhof mit Bus 80 oder 81 zum Heiligengeistplatz | **Anfahrt** Parkplatz Waagplatz, dann zu Fuß zum Alten Platz, anschließend rechts halten und Sie erreichen den Landhaushof | **Öffnungszeiten** April–Okt. Mo–Fr 9–16 Uhr, Sa und Feiertag 9–14 Uhr | **Tipp** Zwischen der Westseite des Alten Platzes und dem Neuen Platz verläuft die Tabakgasse. Sie ist wie ein Stück Mittelalter auf 200 Metern.

# 62 __ Die Wappensteine

*Das verloren gegangene Reich der Habsburger*

Wer sich gerne bei einem herrlich kühlen Eis ausruhen und gleichzeitig die Spuren mächtiger Regenten sehen möchte, sitzt im Garten der italienischen Gelateria »Arcobaleno« genau am richtigen Fleck. An der Ecke Wiener Gasse / Heuplatz, also im Herzen der Klagenfurter City, ist die Kopie jenes Wappenschildes zu bewundern, das ehemals am St. Veiter Tor prangte.

Der Stein ist ausgefüllt mit 24 kleinen Wappen, welche die Länder und Grafschaften vertreten, die einstmals im Besitz der Habsburger waren: Alt Ungarn, Aragon, Burgau, Böhmen, Burgund, Cilli, Elsass, Granada, Görz, Haus Habsburg, Haus Österreich, Kastilien, Kärnten, Krain, Kyburg, Leon, Österreich ob und Österreich unter der Enns, Pfirt, Sizilien, Steiermark, Schwaben, Tirol und die Windische Mark. Das Original ist eine Meisterarbeit des Steinmetzes Ulrich Vogelsang.

Alle vier Stadttore aus dem 16. Jahrhundert – St. Veiter Tor, Villacher Tor, Viktringer Tor und das Völkermarkter Tor – erzählen über ihre Wappen- und Inschriftsteine von der einstigen Größe und Ausdehnung des mächtigen Habsburgerreiches.

An der Westseite des Hauses Stauderplatz 3 finden sich Reste des ehemaligen Villacher Tores und der Stadtmauer. Zwischen dem Rothauer-Hochhaus und dem Kolpinghaus, am belebten Villacher Ring, ist noch ein Teil der Stadtmauer vorhanden. Auf der »Schütt« über dem Schillerpark ist eine vom Villacher Tor stammende, von Voluten gerahmte Inschriftentafel aufgestellt. Im Kärntner Landesmuseum kann man das von Greifen gehaltene Wappen vom Völkermarkter Tor sehen.

Warum so wenig erhalten geblieben ist? Die Klagenfurter Befestigungsmauern, Stadttore und Steinlöwen wurden 1809 bis 1810 von den Franzosen, gegen alle Versprechungen und Garantien beim Abzug der Truppen, Stück für Stück in die Luft gesprengt. Von den vier Stadttoren blieb lediglich das Völkermarkter Tor verschont.

**Adresse** Anfang Wienergasse, 9020 Klagenfurt | **ÖPNV** vom Bahnhof mit jedem Bus zum Heiligengeistplatz | **Anfahrt** Parkplatz Waagplatz, von hier durch die Waaggasse bis zum Heuplatz gehen | **Tipp** Die Florianisäule in unmittelbarer Nähe auf der Verkehrsinsel auf dem Heuplatz erinnert an den großen Brand von 1777.

# 63 Die Wörthersee-Classics

*Musik-Romantik am See*

Alle Jahre wieder im Juni wird ihnen ein Ehrenplatz im Klagenfurter Kulturleben eingeräumt. Eine Woche lang treten sie auf die große Bühne und spielen ihre Konzerte. Die Rede ist von den fünf bedeutenden Komponisten der k. u. k. Monarchie: Anton von Webern und Alban Berg aus Wien, Gustav Mahler aus Iglau, der Wahlwiener Johannes Brahms aus Hamburg und Hugo Wolf aus Windischgrätz. Warum gerade diese weltberühmten fünf? Weil sie zeitweise am Wörthersee lebten und hier arbeiteten. Daraus entwickelte sich auch die Idee des Wörthersee Classics Festivals. Wer hier komponierte, am See seine Zeit verbrachte und von der Sommerfrische in Kärnten begeistert war, dessen Werke werden seit knapp 15 Jahren eine Juniwoche lang in Klagenfurt aufgeführt – und verzaubern das Publikum.

2014 wurde das Repertoire um einen weiteren der großen Komponisten erweitert: Antonin Dvořák erhielt einen Ehrenplatz auf der Bühne des Festivals. Wie Gustav Mahler wurde auch er in Böhmen geboren. Dvořák erreichte durch sein Cellokonzert, die Symphonie aus der Neuen Welt und die Slawischen Tänze Weltruhm. Johannes Brahms fand bald großen Gefallen an den Werken des hochbegabten romantischen Musikers und begann ihn zu unterstützen. Daraus entstand eine lebenslange, tiefe Freundschaft der Komponisten. Es wird vermutet, dass Antonin Dvořák Brahms in Pörtschach besuchte. Ob dies Teil der Legendenbildung ist, sei dahingestellt. Tatsache ist, dass Dvořák mehrmals davon sprach, die neue Südbahnstrecke nach Kärnten, interessant durch die Anbindung Pörtschachs zum Wörthersee, kennenzulernen.

Die sehr schön gestaltete Kunstgenuss-Juniwoche des Wörthersee Classics Festivals ist für Konzertbesucher und Musikkenner ein Highlight. Es wird in spannender Weise auch Hintergrundinformation zu den Künstlern, ihrem Leben und Werk angeboten, wie zum Beispiel die Geschichte der Begegnung Gustav Mahlers und Sigmund Freuds.

**Adresse** Mießtaler Straße 8, 9020 Klagenfurt, www.woertherseeclassics.com | **ÖPNV** vom Heiligengeistplatz mit Bus 31 zum Europagymnasium | **Anfahrt** von der A 2, Abfahrt Zentrum, über die August-Jaksch-Straße bis zum Viktringer Ring | **Tipp** Das Konzerthaus der Stadt, in dem die Wörthersee-Classics stattfinden, ist sehenswert. Seit Juli 1900 ist es ein musikalischer Treffpunkt auf hohem Niveau.

# 64 Der Zentralfriedhof

*Die letzte Terrasse*

Das Schloss Annabichl wurde Ende des 16. Jahrhunderts vom Burggrafen und Landeshauptmann Georg Khevenhüller errichtet, im 18. Jahrhundert bekam die Fassade ihr barockes Gesicht verpasst. Interessant ist das manieristische Löwenrelief am Wirtschaftsgebäude. Ende des 18. Jahrhunderts erstand Erzherzogin Marianne, Tochter der Kaiserin Maria Theresia, den Besitz als ihre Sommerresidenz. Zum Schloss gehört ein historischer Terrassengarten mit Elementen aus Renaissance und Barock.

Ursprünglich reichte der Garten, der heute von der St. Veiter Straße begrenzt wird, weit nach Osten. Auf den Ausläufern der Terrassenanlage entstand der Zentralfriedhof Annabichl in direkter Nachbarschaft zum Flughafen.

Dem morbiden Charme der parkähnlichen Anlage kann man sich kaum entziehen. Mit einer Ausdehnung von knapp 180.000 Quadratmetern, etwa 55.000 Gräbern, Urnennischen, Urnenschachtgräbern und Grüften ist es Kärntens größter Friedhof. Bevor 1906 die Einweihung stattfand, wurden die Toten auf dem Friedhof St. Ruprecht bestattet. Die ersten Begräbnisse fanden schon 1901, also fünf Jahre vor der offiziellen Eröffnung, statt.

Beim Spaziergang entlang der Grabreihen lohnt es sich, bei der beeindruckenden, wenn auch äußerlich in die Jahre gekommenen Jugendstilgruft von Ferdinand Freiherr von Helldorff, aus dem Jahr 1909, stehen zu bleiben. Der Grabbau geht auf Raoul Frank zurück, das schöne Relief auf Josef Heu. Diverse Flugzeuge brausen über einen hinweg, während man von Ehrengrab zu Ehrengrab weitermarschiert. Bekannte Persönlichkeiten haben hier ihre letzte Ruhe gefunden: die Literatin Ingeborg Bachmann, der Liederfürst Thomas Koschat, Ferdinand Wedenig, ein Landeshauptmann, der Haft und KZ der Nazizeit überlebte, der Maler Switbert Lobisser, auch der Dichter Josef Friedrich Perkonig, wobei nicht jeder Heimatdichter und Heimatmaler das Wort »Ehre« verdient.

FAMILIE HELLDORF

**Adresse** Zentralfriedhof Annabichl, 9020 Klagenfurt | **ÖPNV** vom Heiligengeistplatz mit Bus 40 zur Haltestelle Friedhof | **Anfahrt** Abfahrt Flughafen von der A 2 Richtung Stadtzentrum | **Tipp** Zur Zeit der französischen Besatzung sorgte der Dieb und Räuber Simon Krapfenbäck jahrelang für großen Aufruhr. Als er schließlich 1809 überwältigt und getötet wurde, ließ der französische General Jean-Baptiste Rusca den Leichnam als abschreckendes Beispiel am Galgenplatz in Annabichl aufhängen. Zwei Straßen in unmittelbarer Nähe zum Schloss erinnern noch an diesen Platz: Galgenbichlstraße und Galgenweg.

# 65 Das Jagdschloss Mageregg

*Die Hirsche im Schloss*

Verlässt man Klagenfurt nördlich in Richtung Lendorf, tauchen große graue Mauern rechts von der Landstraße auf, hinter denen sich ein 100.000 Quadratmeter großer Wildpark verbirgt. Inmitten des Tierparks befindet sich ein Renaissanceschloss mit weitläufigem Park. Die Anlage ist ideal für einen Ausflug: In den uralten Bäumen zwitschern Vögel, auf den zugewachsenen Teichen und dem Fluss Glan schwimmen Wildenten und Wildgänse. Bei einem Spaziergang durch das wunderschöne Wildgehege begegnen dem Besucher unterschiedliche heimische Tierarten, wie Rotwild, Damwild, Mufflons und Rehe – ein geeigneter Ort, Kindern die Natur mit ihren Wildarten näherzubringen. Die Tiere sind zahm und bewegen sich frei im Park. Von den Spazierwegen aus sind sie gut zu beobachten. Im Osten des Wildparks befinden sich noch zwei Zeitzeugen der Vergangenheit: Spuren des einstigen Wassergrabens und Brückenreste.

Auch das 1590 erbaute Renaissanceschloss, ursprünglich eine Wasserburg, ist bemerkenswert. Mächtig thront es mit seinen vier Türmen auf der Wiese. Dieses äußere Erscheinungsbild erhielt das Gebäude allerdings erst im zweiten Drittel des 19. Jahrhunderts. Dafür beauftragte der damalige Besitzer Ritter von Moro den italienischen Baumeister Domenico Venchiarutti. Den Namen verdankt das Schloss dem Domprobst von Gurk, Georg von Mageregg, der Anfang des 17. Jahrhunderts für nur ein Jahr hier lebte. Ihm folgte der Alchimist Johann Andreas Graf Rosenberg.

Im Inneren des Renaissanceschlosses befindet sich eine Gaststätte, deren Pächter oder Köche ebenso häufig wechseln wie die Besitzer des Schlosses. Die Kärntner Jägerschaft hat zudem in den Räumlichkeiten ihren Sitz. Unabhängig vom Koch: guter Kuchen, Säfte, Eis und Kaffee werden immer serviert und lassen sich im Freien genießen. Kindern ist es erlaubt, auf der Wiese herumzutollen.

**Adresse** Magereggerstraße 177, 9020 Klagenfurt | **ÖPNV** vom Heiligengeistplatz mit Bus 42 bis Haltestelle Lendorf Kaserne | **Anfahrt** Abfahrt Klagenfurt Nord von der A 2 Richtung Klagenfurt bis zur Magereggerstraße | **Öffnungszeiten** Di–Sa 11–21 Uhr | **Tipp** Direkt an der Bushaltestelle befand sich das KZ-Nebenlager Lendorf. Nach langen Jahren des Vergessens und Verdrängens erinnert eine Gedenktafel an die dunkle Vergangenheit dieses Ortes.

# 66___Das Schloss Emmersdorf

*Der Psychiater und die »weiße Frau«*

Was hat ein Psychiater mit einem Schloss und gar mit Spuk zu tun? Der erste Teil des Rätsels ist leicht aufzulösen. Nur wenn es um die Geistererscheinung geht, wird die Sache etwas schwieriger. Die Schlossherren von Emmersdorf sind ein Psychiater und seine beiden Hunde. Die zwei schönen Doggen erinnern in frappierender Weise an die »Jungs« aus der Serie »Magnum« und sind wohl ebenso wachsam. Aus diesem Grund werden sie vermutlich die Witterung der geheimnisvollen »Schlossherrin« aufgenommen haben.

Viele wollen die »weiße Frau« schon gesehen haben. Darunter sind nicht nur die Alten aus der Umgebung, sondern auch akademische Herren und Damen, die im Schloss auf Besuch waren. Sie alle erzählen die gleiche unglaubliche Geschichte: An kühlen Herbsttagen, wenn sich der Nebel über die Landschaft legt, erscheint bei untergehender Sonne eine »weiße Frau« aus den Gemäuern des Schlosses. Mit wehenden Kleidern und Haaren lustwandelt sie im Schlosspark und verschwindet dann, ohne ein Wort zu sagen, im Ostturm.

Bevor die Gespensterdame auftaucht, soll man es »Helen« rufen hören. Dieser Name taucht auch mehrmals im seit 1905 geführten Gästebuch des Hauses auf, doch niemand kann sagen, um wen es sich dabei handelt. Ob Helen auch schon in früheren Jahrhunderten hier spukte, bleibt ungewiss.

Das sich seit knapp 20 Jahren in Privatbesitz des Psychiaters und Neurologen Sigurd Hochfellner befindliche Schloss Emmersdorf wurde erstmals 1136 erwähnt. Auffallend sind die vorstehenden Ecktürme und der turmartige Erker des Bauwerkes. Im Sommer finden hier Lesungen, Theatervorstellungen und Vorträge statt. In einem der Türme lebt das entzückende Gespenst. Der Hausherr wollte schon als Kind Schlossbesitzer werden. Das ist ihm gelungen. Nur blieb es ihm bisher verwehrt, seine spukende Schlossherrin zu sichten. Er kann also nur von ihr träumen.

**Adresse** Emmersdorfer Straße 44, 9020 Klagenfurt | **ÖPNV** vom Heiligengeistplatz mit Bus 30 oder 31 bis Haltestelle Schönfeld (Emmersdorf) | **Anfahrt** Abfahrt Klagenfurt Nord von der A 2, Richtung Klagenfurt bis zur Magereggerstraße, bis zur Kreuzung Ehrenhausener Straße weiterfahren, dann den Schildern folgen | **Öffnungszeiten** Besichtigung gegen Voranmeldung, Tel. +43 (0)664/5486020 oder (0)463/57240 | **Tipp** Schlösser und Burgen – *das* Ausflugsziel für Romantiker und Historiker. Wer sich dazu-zählt, kommt rund um Klagenfurt auf jeden Fall auf seine Kosten. Mehr als 20 Schlösser und Burgen warten hier.

# 67 Das Schloss Seltenheim

*Die Monster auf der Wiese*

Auf dem Hügel über dem Golfplatz thront für alle weit sichtbar das Schloss Seltenheim. Es wurde im 12. Jahrhundert als Burg Saldenheim erstmals erwähnt. Zwei Dinge fallen dem Betrachter bald ins Auge: der wehrhafte Charakter des Schlosses und die Nähe zur griechischen Mythologie. Vorerst erscheint das Gebäude wie eines der anderen 260 Schlösser in Kärnten, dem Bundesland, das für seine Burgen, Schlösser und Seen bekannt ist. Doch bei genauerer Betrachtung fallen die übergroßen Skulpturen im Außenbereich auf. Was machen diese Bronzegebilde da auf der Wiese? Der wohl populärste Vertreter des Wiener Fantastischen Realismus, Ernst Fuchs, hat diese Greif-Skulpturen 2008 für das Schloss Seltenheim angefertigt.

Greife, auch Chimären genannt, sind fiktive Lebewesen, die sich aus zwei oder mehreren Gestalten zusammensetzen, vielfach auch als Kombination von Mensch und Tier. Folgt man Homers mythologischer Erzählung Illias, begegnet einem das feuerspuckende Mischwesen erstmals in Lykien. Dieses Sagentier hat den Körper eines Löwen und auch seinen Kopf. Zusätzlich verfügt es aber über das Haupt einer Ziege, und aus seinem Schweif ragt eine drachenähnliche Kreatur heraus. Homer erzählt, dass Bellerophon, unterstützt durch den Gott Poseidon und mit Hilfe des Pegasus, dem geflügelten Pferd, die Chimäre tötete.

Unweit des Schlosses befindet sich ein ausgedehntes Reiterareal, das vor einigen Jahren als Austragungsort der Europameisterschaft im Springreiten diente. Passend zu Homers Geschichte überragt weithin sichtbar ein hölzernes (trojanisches) Pferd die Landschaft. Wem dieses noch nicht genug ist, dem sei zu einem kurzen Abstecher zu den rechts von der Straße gelegenen Gasthäusern geraten, die für ihre Brettljause bekannt sind. Einen Kilometer entfernt, Richtung Krumpendorf, befinden sich die Hallegger Teiche – ein wahres Fischerparadies.

**Adresse** Unterkröllstraße 12, 9061 Klagenfurt | **ÖPNV** vom Heiligengeistplatz mit Bus 31 bis Haltestelle Seltenheim | **Anfahrt** Abfahrt Klagenfurt Nord von der A 2, Richtung Feldkirchen bis zur Abzweigung Lendorf, links in den Ort und bei der Apotheke rechts | **Tipp** Hier befindet sich auch der Golfclub Seltenheim mit einer 27-Loch-Anlage. Eine Golfschule und das Clubrestaurant runden das Programm ab.

# 68 Die Hollenburg

*Gott Amun wacht über das Rosental*

Südlich von Klagenfurt streckt sich die Hollenburg auf einem steilen Felsen stolz über der Drau den Karawanken entgegen. Es wirkt, als würde sie noch immer über das Rosental herrschen. Sie ist eine der bedeutendsten Burgen Kärntens und wurde um 1100 von steirischen Markgrafen errichtet.

Der im 13. Jahrhundert gebaute Verkehrs- und Handelsweg in den Süden über den Loiblpass brachte der Burg große strategische Bedeutung. Obwohl es immer wieder zu Konflikten mit dem Stift Viktring kam, trat die Hollenburg auch als Gönnerin auf und schenkte der Stiftskirche die bekannten gotischen Glasfenster. Beim großen Erdbeben von 1348 fiel die Hollenburg zusammen, wurde jedoch unmittelbar danach wiederaufgebaut. Im Jahrhundert zuvor kontrollierte Herzog Bernhard von Sponheim die strategisch wichtige Hollenburgbrücke über die Drau. Mit dem Ende der Sponheimer im 14. Jahrhundert wurde die Brücke zum öffentlichen Gut. Zur gleichen Zeit war die Hollenburg Sitz des Landrichters. 1514 schenkte sie Kaiser Maximilian I. schließlich Siegmund von Dietrichstein. Dieser gab der Feste seine heutige Gestalt als repräsentative Schlossanlage.

Zur Talseite weist die Anlage mehrere im Renaissancestil gestaltete Zwillingsfenster auf. Vom mächtigen Torturm sind es nochmals knapp 100 Meter bis zum eigentlichen Burgtor. Über den Hof gelangt man zum Burgfried, von wo der Ausblick auf das Rosental großartig ist. Sehenswert sind auch die im fünfeckigen Burghof befindlichen doppelgeschossigen Renaissancelauben, die Holzgalerie, die Wappen und die Reliefs sowie die römerzeitlichen Grabbauten im Hof. Die Burgkapelle des heiligen Nikolaus ist mit Malereien und zudem mit einem gotischen Freskenzyklus aus der zweiten Hälfte des 14. Jahrhunderts versehen.

Ein auf dem Burggelände zutage geförderter Fund gibt jedoch Rätsel auf. Der steinerne Kopf des ägyptischen »Obergottes« Amun …

**Adresse** Hollenburg 1, 9161 Köttmannsdorf | **ÖPNV** vom Bahnhof in Klagenfurt mit Bus 5327 bis Hollenburg | **Anfahrt** von Klagenfurt kommend über die Rosentalerstraße Richtung Ferlach fahren | **Tipp** Südlich der Hollenburg liegt Ferlach mit einem reichhaltigen Sightseeingprogramm. Die weltberühmte Büchsenmacherstadt kann mit lebenden Möbeln im Schloss, einem außergewöhnlichen Büchsenmacher-Museum und einer Historamabahn aufwarten.

# 69_ Der Gletschertopf

*Ein Kochtopf voll Eis*

Wer hat sie nicht auswendig lernen müssen während der Schulzeit? Die Rede ist von den Eiszeiten: Günz, Mindel, Riss und Würm. Nicht nur hoch oben in den Bergen finden sich Gletscher als Zeugen der Vergangenheit, erstaunlicherweise auch herunten im Tal. Leider sind einige der regen Bautätigkeit der 20er Jahre des vorigen Jahrhunderts zum Opfer gefallen. Gegenüber dem Gasthaus Plattenwirt, das nur wenige Meter entfernt vom Ufer des Wörthersees liegt, fand man drei große und mehrere kleine Gletschertöpfe unter einem mit Rasen bedeckten Phyllitfelsen. Sie waren vom Draugletscher nach dem Ende der letzten Eiszeit, die die Landschaft um den Wörthersee sehr geprägt hat, erhalten geblieben, wurden aber bedauerlicherweise durch den Bau einer Rennbahn 1923 zerstört.

Zum Glück ist ein anderer Gletschertopf erhalten geblieben. Der schon 1878 in einem Artikel erwähnte stumme Zeuge der Würm-Eiszeit, etwa 100.000 vor Christi, befindet sich in Pritschitz zwischen Krumpendorf und Pörtschach und wurde 1941 zum Naturdenkmal erklärt. Beim Gasthof Jerolitsch biegt man in die Drasingerstraße ein. Circa 150 Meter weiter zweigt rechts ein Waldweg ab. Nach einem Spaziergang von fünf Minuten leitet eine Markierung zu der mitten im Wald befindlichen Kostbarkeit der Natur. Solche topfförmigen Felsformationen entstehen durch kreisende Bewegungen abtropfenden Gletscherwassers. Die aushöhlende Wirkung wird verstärkt, wenn Steine und Kies von der wirbelnden Bewegung des Wassers erfasst werden. Es grenzt an ein Wunder, dass dieses eiszeitliche Relikt über die Jahrtausende hinweg erhalten geblieben ist.

Übrigens: Der größte Teil Pörtschachs ist aus glazialen Ablagerungen aufgebaut. Der sehenswerte Rest dieses Gletschereisabzugs ist der märchenhaft gelegene, von bemoostem Stein umgebene Gletschertopf im Wald. Er stellt ein seltenes und besonders wertvolles Relikt der Eiszeit dar.

**Adresse** Görtschach/Draßingerstraße, 9201 Krumpendorf | **ÖPNV** vom Heiligen-geistplatz mit Bus 20 bis Haltestelle Leinsdorf | **Anfahrt** Abfahrt Minimundus von der A 2, Richtung Krumpendorf, abbiegen zu den Hallegger Teichen und beim Gasthof Jerolitsch in die Drasingerstraße, nach 150 Metern zu Fuß der kleinen Hinweistafel folgen | **Tipp** Im Ortsteil Pritschitz liegt im Föhrenwald (in der Nähe des Restaurants Soleo) auf abschüssigem Gelände ein großer Felsblock – der Weiberzahn. Im Rahmen von Fruchtbarkeitsritualen wurde er als Rutschstein benutzt.

# 70_ Die Luther-Kirche

*Der protestantische Herr der Fliegen*

Seit Jahren sind sie hier: Tausende und Abertausende Fliegen. Es wurde sogar in Erwägung gezogen, die evangelische Kirche kurzerhand zu schließen. Überall lauern die Insekten, sind sie lebendig, surren sie um die Köpfe, sind sie tot, liegen sie überall verstreut. 2010 begann dieses Mysterium und bewirkte, dass die Gläubigen der Gemeinde sich immer seltener treffen.

Kammerjäger scheitern an diesem Phänomen. Egal welche Methode angewendet wurde, nach kürzester Zeit waren die Fliegen wieder da. Und ihre Kadaver. Es handelt sich um fünf unterschiedliche Fliegenarten. Warum sie sich gerade diese Kirche ausgesucht haben, kann sich niemand erklären. Für naturwissenschaftlich Denkende handelt es sich um ein zoologisches Phänomen, Esoteriker und Mystiker sehen darin ein Zeichen Gottes. Ist die Fliegenplage möglicherweise ein Vorzeichen der Apokalypse? Eine biblische Plage? Eines ist jedenfalls klar: Fliegen wohin man schaut. Sie hocken auf den Kreuzen, auf dem Boden, in den Gebetbüchern, über dem Altar.

Das Summen der Stubenfliegen war so stark, dass die evangelische Pfarrerin ihr eigenes Wort nicht mehr verstand. In ihrer Verzweiflung engagierte die Pfarrgemeinde »Ghosthunter« aus Wien. Auch das führte zu keiner Lösung des Problems. Interessanterweise erhöht sich die Anzahl der Fliegen mit dem Abnehmen der Gottesdienste. Eines haben die Tiere aber bewirkt: Das Miteinander der katholischen und evangelischen Christen funktioniert bestens. Aufgrund der Plage wichen die Protestanten mit ihren Gottesdiensten in katholische Kirchen aus.

Der Landeskonservator hat sich gegen einen Abriss der Kirche entschieden. Gottesdienste konnten zwischen 2010 und 2014 keine mehr abgehalten werden. Durch eine private Initiative wurde es möglich, die Kirche kurzzeitig fliegenfrei zu sanieren. Doch inzwischen sind die Fliegen mit ihrem Geheimnis wiedergekehrt …

**Adresse** Südbahnweg 29, 9201 Krumpendorf | **ÖPNV** vom Heiligengeistplatz mit Bus 20 bis Haltestelle Landespolizeikommando | **Anfahrt** Abfahrt Minimundus von der A 2 Richtung Krumpendorf | **Öffnungszeiten** zu erfragen unter Tel. +43 (0)4242/24131 | **Tipp** Das Parkbad von Krumpendorf glänzt durch seine Weitläufigkeit. Auf 20.000 Quadratmetern breitet sich eine moderne Erholungsanlage in der Wiese aus.

# 71 Der Meilenstein

*Badevergnügen der alten Römer*

Krumpendorf, die krumme Weide, ist eine kleine Seegemeinde am Nordufer des Wörthersees. Ein geschichtsträchtiger Meilenstein befindet sich im Westen des Gemeindegebiets am Südbahnweg neben einem Brunnen. Seine Inschrift lautet:»1 Meile von Klagenfurt«. Damit ist eine österreichische Postmeile gemeint, etwa 7,586 Kilometer. Die Habsburger hatten diese Postmeilen als Streckenbemessungsgrundlagen überall in ihrem Reich aufgestellt. Meistens wurden Steine aus der Umgebung verwendet. Nicht so bei dem Krumpendorfer Meilenstein.

Einst führte die römische Staatsstraße hier vorbei. Zur Orientierung versahen die Römer ihre Straßen mit Meilensteinen. Die Habsburger übernahmen diese Streckenmarkierungen. Der Krumpendorfer Meilenstein stammt aus der Zeit Kaiser Caracallas, 216 nach Christi. Vermutlich war das heutige Krumpendorf damals eine Straßenstation, die den Namen »Saloca« trug. Die unter Caracallas Regentschaft erbauten antiken Badeanlagen hielten als Blauskizze und Vorbild für viele Thermen im Römischen Reich her, unter anderem für die vermutete Thermenlandschaft in Krumpendorf. Es gibt Hinweise, die darauf deuten, dass Saloca Kärntens älteste Therme war. Diese Badepaläste waren Treffpunkt der römischen High Society. Die Reinigung der Badelustigen stand nicht so sehr im Vordergrund wie ihr Vergnügen. Die Badeanlagen in Rom waren reich mit Marmor, Mosaiken, Säulen und Statuen ausgestattet. Da die Kärntner Marmorsteinbrüche auch schon bei den Römern von großem Wert waren, ist davon auszugehen, dass der Pörtschacher weiß-grün-rosa Marmor ein fixer Baubestandteil der antiken Thermenlandschaft in Krumpendorf war.

Der Meilenstein ist nicht die einzige Erinnerung an die Römer. Im englischen Park des Krumpendorfer Schlosses steht ein römischer Schalenbrunnen, und beiderseits der Steintreppen befinden sich zwei römerzeitliche Grabinschriften aus Virunum.

**Adresse** Südbahnweg, 9201 Krumpendorf | **ÖPNV** vom Heiligengeistplatz mit Bus 20 bis Haltestelle Landespolizeikommando | **Anfahrt** Abfahrt Minimundus von der A 2 Richtung Krumpendorf, Südbahnweg bis zur Kreuzung Koschatweg | **Tipp** Vom Ortsanfang an erstreckt sich ein ausgedehntes Wanderwegenetz über die Suezhöhe bis zum Schloss Drasing.

# 72 Die Pfarrkirche Pirk

*Helfer aus 14 Nöten*

Statt Notarzt oder Rettung zu rufen oder ins Krankenhaus zu eilen, lohnte es sich anno dazumal, einen der Vierzehn Nothelfer um Hilfe zu bitten.

In ländlich idyllischer Landschaft oberhalb Krumpendorfs gelegen, befindet sich die Filialkirche Pirk. Sie ist ein hübscher weiß gekalkter Bau mit grauem Steinschindeldach und einem viergeschossigen Turm mit romanischen Fenstern. Kaum tritt man durch das gotische Spitzbogenportal ins Innere des Kirchleins, raubt es einem den Atem.

Hell flutet das Licht durch die Fenster und lässt den Blick zum Annenaltar von 1725 gleiten. Auf dem mit kunstvollem Laubbandelwerk verzierten Altarblatt aus dem 19. Jahrhundert zeigen sich die heilige Anna und Maria, umgeben von den Vierzehn Nothelfern in gemalten Medaillons. Es sind 14 Heilige, die seit dem 14. Jahrhundert verehrt werden. Die 14 ist eine heilige Zahl. Die Gruppe besteht aus drei weiblichen und elf männlichen Heiligen, wobei alle, bis auf den heiligen Ägidius, als Märtyrer starben.

Falls jemand in Not gerät oder einen Helfer braucht, aber zur Abwechslung nicht die tägliche Dosis Medizin nehmen will, könnten einige der 14 Heiligen Abhilfe schaffen. Achatius befreit von Zweifel und Todesangst und ist daher der Patron der Soldaten, Ägidius ist der Beichtpatron der stillenden Mütter, Barbara die Patronin der Bergleute und Gefangenen. Blasius kann bei Halsleiden angerufen werden. Christopherus ist der Patron der Reisenden und Kraftfahrer und Retter aus Wassernot, Cyriacus der Patron der Unterdrückten und Helfer bei Versuchungen. Dionysius hilft bei Kopfschmerzen, Erasmus bei Leibschmerzen. Eustachius steht in schwierigen Lebenslagen zur Seite. Georg beschützt das Vieh, Katharina lindert Leiden der Zunge und ist die Patronin der Schulen, Margareta kümmert sich um Geburtsnöte, Pantaleon ist der Patron der Hebammen und Ärzte, und Vitus hilft bei Epilepsie.

**Adresse** Pirk, 9201 Krumpendorf | **ÖPNV** vom Heiligengeistplatz mit Bus 20 bis Haltestelle Landespolizeikommando | **Anfahrt** Abfahrt Minimundus von der A2 Richtung Krumpendorf, im Ort Richtung Moosburg | **Öffnungszeiten** unter Tel. +43 (0)4229/2392 erfragen | **Tipp** Auf der Straße Richtung Moosburg, 500 Meter nach der Autobahnbrücke, führt die Straße nach Schloss Drasing und weiter zum Schloss Hornstein. Das nun folgende Waldstück hat eine Überraschung parat: In Sichtentfernung stehen unbeweglich Wildtiere im Wald – Sie befinden sich auf einem abenteuerlichen Bogenschützenparcours. Also schnell in Deckung!

# 73 Das Maultasch-Kreuz

*Der wilden Männin Steinbild*

Versteckt in einem Acker, entfernt von der Straße, daher nicht sofort sichtbar, findet man in der Umgebung von Hochosterwitz im Norden von Launsdorf auf einem künstlichen Hügel das Maultasch-Kreuz, auch genannt »der wilden Männin Steinbild«. Ein mächtiger Baum wirft zudem seinen Schatten auf das Gebilde. Die »wilde Männin« bezieht sich wohl auf die streitbare Margarethe Maultasch. Der Legende zufolge wurde der Hügel von ihren Soldaten nach der gescheiterten Belagerung der Festung Hochosterwitz errichtet. Jeder der Recken schüttete einen Helm voll mit Erde auf die Wiese, so entstand der Hügel. Nachdem dieser Vorfall historisch nicht gesichert ist, wird vermutet, dass die Erhebung auf urgeschichtliche Zeit zurückgeht.

Das Rätsel der Datierung wurde von den Archäologen bis heute nicht gelöst. Auch die sich in der Mitte befindliche Bildsäule, ein marmorner Bildstock, aus einem Stein gehauen, wirkt geheimnisvoll, da ihre Herkunft ebenso nicht erklärbar ist. Der schlanke monolithische Pfeiler diente zeitweise als Grenzstein. Er ist 3,40 Meter hoch und trägt einen Tabernakel mit vier Reliefdarstellungen: Christus mit einem Totenkopf zu Füßen am Kreuz, flankiert von Maria und Johannes, ein Brustbild Gottes mit der Weltkugel, Maria und Josef mit dem Kinde in der Krippe und die Auferstehung Christi. Also die Geschichte der Geburt, Kreuzigung und Auferstehung Christi sowie die Darstellung Gottvaters. Die aus der Spätgotik stammende Arbeit ist romantisch von Moos überwuchert. Die Anlage könnte mit dem Osterwitzer Hochgericht, das in der unmittelbaren Nachbarschaft tagte, in Verbindung gestanden sein.

Das eigentlich Interessante an den vier Reliefdarstellungen ist, dass Christus im Norden als Salvator Mundi – Erlöser der Welt – dargestellt wird, wie man es aus dem Spätmittelalter kennt, und nicht Gott Vater als Schöpfer der Welt, wie man es üblicherweise in der Literatur findet.

**Adresse** Hochosterwitz, 9314 Launsdorf | **ÖPNV** vom Hauptbahnhof Klagenfurt mit Bus 5371 bis Haltestelle Zollfeld | **Anfahrt** von der A2 Abfahrt Klagenfurt Nord, Richtung St. Veit, dann bei St. Donat von der S37 und weiter Richtung Hochosterwitz fahren, parken unterhalb der Burg, zu Fuß fünf Minuten südlich | **Tipp** Wer Schweinskopf, Grillferkel, Schlachtplatten und mittelalterlichen Tanz liebt, sollte Mitte Juli die nahe gelegene mächtige Burg Hochosterwitz besuchen und am zweitägigen Ritterfest teilnehmen.

# 74__Die Sitze im Turiawald

*Vom Mirakel der Saligenfrauen*

Wenn Sie ein junger, schmucker Mann sind, sollten Sie sich hüten, nächtens bei strahlend hellem Mondlicht den Wanderweg durch den Turiawald nach Oberdörfl zu nehmen. Denn dort hausen der Sage nach – und Kärntner Legenden kann man vertrauen – die Saligen, auch genannt Salkweiber oder Salaweiber. Ihr einziger Schutz wäre lautes Singen oder mit der Peitsche knallen. Können Sie weder das eine noch das andere, werden Sie unverzüglich von den Höhlenbewohnerinnen so lange geküsst, bis Sie zu Boden sinken. Das mag ja noch gar nicht unheimlich erscheinen, sogar ein wenig Freude bereiten, doch etwas wird Ihnen dann für immer fehlen: Ihre Seele.

Es ist also sicherer, tagsüber zur Turia zu marschieren. Bevor man die Hochfläche erreicht, befindet sich links eine Felswand, an deren Südseite neun halbrunde Nischen ausgemeißelt sind. Die Einheimischen nennen sie »sedlice« – Sitze der Saligenfrauen. Diese mystischen Wesen waren entweder gut oder böse, alles hing davon ab, wie sie behandelt wurden. Lachte man über ihre ungestalten Füße, wurden sie zornig und bestraften den Frevler. Wer hingegen die Weisungen der Frauen, zum Beispiel: »Sej pavər bob« oder »Bauer sä' Bohnen«, befolgte, hatte reichliche Ernte. Im Turiawald verirrte Kinder wurden heil zu ihren Eltern zurückgebracht. Die Saligen gaben als Heilerinnen und Helferinnen bei Krankheit und in Notzeiten weisen Rat. Plötzlich aber waren sie wie vom Erdboden verschluckt, nur mehr die neun Sitze erinnern noch an sie. Manche glauben, dass die Saligenfrauen die wahren Ureinwohnerinnen des Rosentals sind.

Am Rupertiberg findet sich noch ein weiterer Platz der Kraft: der mystische Ort der Racava. Der Weg über den 9.000 Jahre alten Steig lässt innehalten.

Ausgangspunkt der Wanderungen ist der Park- beziehungsweise Aussichtsplatz in Rupertiberg, es ist aber auch möglich, den Rundwanderweg von der Filialkirche zu starten.

**Adresse** Parkplatz in 9072 Rupertiberg | **ÖPNV** vom Hauptbahnhof Klagenfurt mit Bus 5316 nach Velden, weiter mit Bus 5318 bis Haltestelle Rupertiberg, zu Fuß weiter, Energiepfad »Plätze der Kraft« | **Anfahrt** Abfahrt Velden West von der A 2 Richtung Villach, Abzweigung Rosegg Richtung Ludmannsdorf bis Rupertiberg, Gemeindeparkplatz und zu Fuß den Energiepfad »Plätze der Kraft« | **Tipp** Glücksfelsen, Teufelskanzel, Plätze der Kraft. Sie sind hier nicht am Jahrmarkt in der Geisterbahn, sondern mitten auf einem der mythischsten und mystischsten Wanderwege Kärntens. Viel Spaß bei der Erleuchtung.

# 75 _ Die Zikkurat-Drauwelle
*Land-Art made in Kärnten*

Land-Art bezeichnet eine Kunstrichtung, in der die Künstler in die Natur hinausgehen und diese mit den von ihr zur Verfügung gestellten Rohstoffen und Materialien gestalten. Die entstandenen Werke aus Stein, Holz, Erde, Gras, Wasser sind daher einem ständigen Veränderungsprozess unterworfen. Land-Art hat eine romantische, aber auch eine gesellschaftskritische Komponente, sie ist die Umwandlung von Naturraum in ein Kunstwerk.

Land-Art arbeitet mit kleinsten Räumen bis hin zu ganzen Landstrichen. Diese moderne Kunstrichtung hat sich im Amerika der 60er Jahre entwickelt.

Das Land-Art-Projekt »Zikkurat-Drauwelle« in der Gemeinde Ludmannsdorf wurde von den Brüdern Hoke, Ed, Tomas und Armin Guerino geschaffen. Alle Elemente ihrer Werke korrespondieren mit den Eigenschaften des Drauwassers und nehmen spielerisch die Formen von Schnecke, Strudel und Welle an. Die Selkacher Bucht des Flusses Drau wurde mit einem Wall, einem strudelförmigen Hafenbecken und einem schneckenförmig ansteigenden Hügel neu angeordnet und inszeniert. Mit dem Baggermaterial wurden ein Hochwasserleitdamm und Biotopstrukturen in den Wasserzonen geschaffen. Der Damm hat die Form einer Wellenkette. Die erste Stufe der Kette ist begehbar und ebbt mit der zunehmenden Entfernung zum Hügel schließlich ins Wasser ab. Am höchsten Punkt des Hügels »Zikkurat« befindet sich eine runde Wasserfläche, über die begehbare Steinplatten gearbeitet wurden. So ist es möglich und spannend, auf Steinen über das Wasser zu schreiten.

Es ist eine gelungene Mischung von Natur, Technik und Kunst. Das Wasser holt sich immer Land zurück. Durch die künstlerischen Veränderungen der Natur, wie zum Beispiel Eingriffe in den Lauf des Flusses, gelingt es, bereits »verarbeitete« Landschaft zurückzuholen. Das Projekt lädt zum Spazieren, aber auch zum Hierbleiben, Sich-Erholen und einfach nur Schauen ein.

**Adresse** Selkach, 9072 Ludmannsdorf | **ÖPNV** vom Hauptbahnhof Klagenfurt mit Bus 5316 nach Velden, weiter mit Bus 5318 nach Franzendorf und zu Fuß nach Selkach | **Anfahrt** Abfahrt Velden West von der A 2, Richtung Villach, Abzweigung Rosegg Richtung Ludmannsdorf nach Franzendorf und weiter nach Selkach, hier links halten | **Tipp** Entlang der Drau führt ein Radwanderweg von Südtirol (Toblach) bis ins slowenische Marburg. Gegenüber von Selkach führt der Radwanderweg weiter über Suetschach nach Ferlach.

# 76__Der Magdalensberg

*Antikenfälschung mit Geheimfach*

Von den Bergen um das Zollfeld ist der Magdalensberg, der zuvor Helenenberg hieß, der einladendste. Gleich drei Verlockungen hat er zu bieten: Ausgrabungen, Kirche und Gaststätte auf dem Gipfel. An Stelle der Kirche stand einstmals ein Denkmal der Noreia, danach ein römischer Tempel. Die ausgegrabene Stadt wurde im 1. Jahrhundert vor Christi gegründet. Kelten und Römer trieben Handel und lebten in Eintracht und Reichtum miteinander. Das Freilichtmuseum mit seinen 22 konservierten Bauten beeindruckt vor allem mit den Überresten eines Kaiserkulttempels und den administrativen Gebäuden. Herausragend ist in diesem drei Hektar großen Archäologiepark, einem der größten in Österreich, eine Goldschmelze mit mehreren Öfen. Vermutlich war Kaiser Caligula Besitzer der norischen Goldminen. Beim Erdbeben 9 nach Christi wurde die Stadt zerstört und 45 nach Christi im Zollfeld als Virunum wiederaufgebaut. Wahrzeichen der Stadt auf dem Magdalensberg ist der lebensgroße bronzene Jüngling, der bereits 1502 von einem Bauern beim Pflügen seines Ackers gefunden wurde. Dieser wohl bedeutendste Fund im Ostalpenraum wurde mit dem Gott Mars assoziiert und war ein Geschenk aus Aquileia. Heute ist die 1,85 Meter große Statue nur durch einen Abguss aus dem 16. Jahrhundert bekannt, der sich in der Antikensammlung des Kunsthistorischen Museums in Wien befindet. Lange Zeit nahm man an, das Original aus dem 1. Jahrhundert vor Christi vor sich zu haben. Bei genauerer wissenschaftlicher Untersuchung stellte sich allerdings heraus, dass die Fachwelt einer Nachbildung aufgesessen war. Und damit noch nicht genug, fand man in einem der Hohlräume der Statue eine Spielkarte aus dem Mittelalter mit einem Pikbuben.

Die Helenenkirche auf dem Gipfel des 1.058 Meter hohen Magdalensberges ist spätgotisch und der Ausgangspunkt des jährlichen traditionellen Vierbergelaufs im April.

**Adresse** Magdalensberg 16, 9064 Magdalensberg | **ÖPNV** vom Hauptbahnhof Klagenfurt mit Bus 5398 bis Haltestelle Magdalensberg | **Anfahrt** von der A 2 Abfahrt Klagenfurt Nord, Richtung St. Veit, hier bei Maria Saal von der S 37 abfahren und dann weiter nach Tanzenberg, danach rechts ab zum Magdalensberg | **Tipp** Wer in Kärnten Urlaub macht, muss einmal Kasnudln, das inoffizielle Nationalgericht der Kärntner, essen. Nachdem das Bundesland groß ist, ist es die Zubereitungsvielfalt ebenso. Die Kasnudln mit warmem Krautsalat und brauner Butter im Gasthaus Skorianz auf dem Gipfel des Magdalensberges sind weit und breit bekannt und heiß geliebt.

# 77__Das Prunnerkreuz

*Wanderer tritt ein!*

Verwirrend an der Bezeichnung »Prunnerkreuz« ist die Tatsache, dass es sich um eine Kapelle und nicht um ein Kreuz handelt. Der Kapellenbildstock wurde 1692 von Johann Dominikus Prunner errichtet. Er ist nach Westen hin offen und befindet sich auf dem Zollfeld, in der Nähe des Herzogstuhls, am Nordrand der römischen Provinzhauptstadt Virunum. Prunner, ein Landesbeamter, war einer der wichtigsten Altertumsforscher der Barockzeit. In die Mauern der Kapelle ließ er Inschrift und Reliefsteine aus der späten Keltenzeit, in erster Linie jedoch Römersteine aus Virunum einarbeiten. Frühchristliche Pilasterkapitelle verzieren die Wände. Die vielen Funde, Steine und Stelen sind der Sammelfreudigkeit des Forschers zu verdanken. Interessant sind auch die Tafeln mit der Chronologie von zwei Naturkatastrophen, dem gewaltigen Erdbeben vom 4. Dezember 1690 und der Heuschreckenplage von 1693.

Prunner gelang es, ein öffentliches, der Nachwelt zugängliches, kleines Römermuseum direkt an Ort und Stelle zu erschaffen. Es wird auch als »Österreichs erstes Freilichtmuseum« bezeichnet. Lange Zeit war dieses Denkmal die einzige Erinnerung an das antike Virunum.

Die Steine erzählen Geschichten aus dem Leben der Bürger der Stadt unter dem Erdboden. Die Kapelle ist dem heiligen Antonius von Padua, dem Patron der Suchenden, geweiht. Im Inneren befindet sich ein Bild des Heiligen, mit dem Prunner sich geistig verwandt fühlte, da er sich selbst auch als ewig Suchenden und Forschenden sah. Er hat schon früh erkannt, dass es in Zeiten, in denen der Buchweizen blüht, von einer Anhöhe aus möglich ist, die Grundrisse der darunter versunkenen Stadt zu erkennen.

Prunner war jedoch so überzeugt, dass diese antike Stadt nicht Virunum, sondern Sala hieß, dass er in eine römische Medaillonstele diese Worte eingravieren ließ: »Hier ist der Ort, wo Sala stand, Wanderer, tritt ein!«

**Adresse** Zollfeld 3, 9063 Maria Saal | **ÖPNV** vom Hauptbahnhof Klagenfurt mit Bus 5371 bis Haltestelle Zollfeld Gasthaus Fleißner | **Anfahrt** von der A 2 Abfahrt Klagenfurt Nord nehmen und Richtung St. Veit fahren, bei Maria Saal von der S 37 und dann weiter Richtung Tanzenberg | **Tipp** Unweit vom Prunnerkreuz endete die Via Julia Augusta in der römischen Metropole Virunum. Wie ein heimliches Kleinod findet sich gut versteckt das Ausgrabungsfeld des Amphitheaters von Virunum. Gehen, laufen, fahren Sie den Hinweisschildern aufmerksam nach.

# 78_Das Schloss Tanzenberg
## *Die Quittung des Ritters*

Auf einem Hügel über dem Zollfeld, gut sichtbar von der Schnellstraße, liegt das Schloss Tanzenberg. Es zählt zu den bedeutendsten Renaissanceanlagen Österreichs. Im Jahre 1247 wurde es erstmals erwähnt, 1515 übernahmen es die Brüder Siegmund und Wolfgang von Keutschach, Vettern des Salzburger Erzbischofs Leonhard. Danach erfolgte ein reger Wechsel der Besitzer, bis es 1898 von den Olivetanern, einem Orden der Benediktiner, gekauft wurde. Der Orden ist für den Bau der schönen Kirche verantwortlich. Nach einem traurigen Zwischenspiel als NSDAP-Kaderschmiede dient das Schloss heute als Bundesgymnasium.

Um den einstigen Besitzer Siegmund von Keutschach rankt sich eine heute noch schaurige Geschichte. Sigismund war ein gewalttätiger Herr, der immer sein Pferd und einen Affen um sich hatte. Kurz vor seinem Tod war er einem Pächter die Quittung für eine Pachtzahlung schuldig geblieben. Nachdem der Mann die Zahlung dem neuen Herrn von Tanzenberg nicht nachweisen konnte, drohte er, sein Zuhause zu verlieren. In seiner Not ging er zu einer Hexe, die dafür sorgte, dass er in Trance zum Friedhof nach Maria Saal gelangte, wo er die Quittung und den Hinweis fand, wo sein Pachtgeld versteckt sei: im Katzenloch. Das erzählte er dem neuen Schlossherrn, der das Geheimnis des Katzenlochs im alten Westturm des Schlosses kannte. Hier fanden sie den Affen von Sigismund, der über die heimlichen Schätze seines Herrn wachte – darunter befand sich auch die Pachtzahlung.

Wer Tanzenberg besucht, wird von dem Arkadeninnenhof mit den 96 Säulen und dem lichtdurchfluteten Innenraum der neuromanischen, dreischiffigen Seminarkirche hingerissen sein. Anders als die meisten mitteleuropäischen Kirchenbauten ist die Rundapsis der Basilika nicht nach Osten – nach Jerusalem – ausgerichtet. 1987 wurde die Kirche mit den Fresken Valentin Omans, einem ehemaligen Schüler des Gymnasiums, fertiggestellt.

**Adresse** Tanzenberg 1, 9063 Maria Saal | **ÖPNV** vom Hauptbahnhof mit Bus 5371
bis Haltestelle Tanzenberg Gymnasium | **Anfahrt** von der A 2 Abfahrt Klagenfurt Nord
nehmen und sich Richtung St. Veit halten, bei Maria Saal von der S 37 abfahren und dann
nach Tanzenberg weiter | **Öffnungszeiten** 8 – 17 Uhr, Tel. +43 (0)4223/2209 | **Tipp** In
Blicknähe zum Gymnasium befindet sich das urige Landgasthaus »Kollerwirt«. Wer Lust
auf gehobene regionale Hausmannskost mit guten Weinen hat, ist hier genau richtig.

# 79___Der Tonhof

*Aufmarsch der Musik- und Literaturadeligen*

Christine Lavants Briefe in Buchform haben den ehemaligen Besitzern des Tonhofs – Maja, der Sängerin, und Gerhard Lampersberg, dem Komponisten – ein literarisches Denkmal gesetzt. Thomas Bernhard, der selbst lange Zeit von den Lampersbergs durchgefüttert wurde, machte sie mit seinem legendären Roman »Holzfällen« so wütend, dass ein heftiger Streit daraus entbrannte. Seit dem Tod der Eheleute Lampersberg hat der Tonhof in Maria Saal über zehn Jahre lang leer gestanden. Nun wurde er wieder der Öffentlichkeit zugänglich gemacht. Die Künstler waren nicht die einzigen berühmten Leute, die den Tonhof bevölkerten.

Ursprünglich war der prächtige Gutshof im Besitz der Ritter Weis von Ostborn. Er bestand aus zwei Gebäuden, eines wurde als Pflegeamt, das andere als Gericht benützt. Das Verwaltungsgebäude, also der eigentliche Tonhof, hat ein gotisches Erdgeschoss. Im Gerichtsgebäude, dem der hochfürstliche Salzburger Hofkammerrath Joseph Anton Welvich als Landrichter vorstand, kam Friedrich Welwitsch auf die Welt. Der promovierte Arzt wurde einer der bedeutendsten Naturforscher der Welt, dem viele Entdeckungen in der Botanik zu verdanken sind. So fand er zum Beispiel in der Wüste Namib die mehrere hundert Jahre alte Pflanze Welwitschia mirabilis, die einzige Art einer ganzen Ordnung.

Nachdem die Familie Weis von Ostborn ihrer Tochter zur Hochzeit den Ansitz geschenkt hatte, etablierte sich 1950 und 1960 das herrschaftliche Gut mit dem 8.500 Quadratmeter großen Park als Heimat vieler berühmter Künstler als quasi deren Sommerresidenz.

Nun kommt wieder Leben in die Gebäude, der Verein »Tonhof« setzt kulturpolitische Zeichen und bringt hier Künstler unter. Die Scheune wird wieder zur Bühne gemacht. Christine Lavant schrieb in einem Brief an das Ehepaar Lampersberg: »Die Idee vom Tonhof muss ein Märchen bleiben – man braucht solche Märchen.«

**Adresse** Schnerichweg 2, 9063 Maria Saal, www.tonhofmariasaal.com | **ÖPNV** von Klagenfurt mit Bus 5371 bis Maria Saal Ort | **Anfahrt** von der A 2 Abfahrt Klagenfurt Nord, Richtung St. Veit fahren, Abfahrt Maria Saal, durch Maria Saal durch bis zum Hülgerthweg, links abbiegen | **Öffnungszeiten** Veranstaltungen auf der Homepage | **Tipp** Das Portal zum Gelände des Maria Saaler Doms hält für jeden Neugierigen eine Überraschung bereit. Der äußere gotische Spitzbogen wird nicht zu Unrecht Flüsterbogen genannt.

# 80_ Die Pfalzkirche
## *Kaiserliche Weihnachten*

Fünf Kilometer nördlich der Landeshauptstadt Klagenfurt, zu Füßen des Mons Carantanus (dem Ulrichsberg), liegt auf einem Plateau Karnburg. Dort ist anno dazumal einiges passiert. 1939 gab Hitlers zweiter Mann, Heinrich Himmler, seinen Schergen den Auftrag, hier zu graben. Neben der Suche nach einem wertvollen römischen Pferd ging es im Wesentlichen darum, die Beständigkeit einer germanischen Besiedlung nachzuweisen. Was dabei gefunden wurde, waren aber Gräber slawischer Vorfahren. Sofort wurden die Grabungen gestoppt. Im Rahmen ihrer Geschichtsfälschung waren die Nazis nicht mehr interessiert, tiefer zu schürfen.

Ein Kreuzweg führt von der Ortschaft hinauf zur Kirche, die im Jahre 888 für den Besuch von König Arnulf von Kärnten errichtet und als karolingische Königspfalz genutzt wurde. In jenem Jahr feierte der sagenumwobene Kaiser hier Weihnachten. Die erstmalige urkundliche Erwähnung der Pfalzkirche fand 927 statt. Sie ist somit die älteste Kirche in Kärnten und eine der ältesten Österreichs. Besonders bemerkenswert: Das Gotteshaus ist fast zur Gänze in der ursprünglichen Gestalt erhalten. Das Plateau war schon in der Römerzeit, durch die Nähe zu Virunum, besiedelt. An den Außenwänden befinden sich viele eingemauerte Inschrift- und Reliefsteine aus jener Zeit.

Im Frühmittelalter wurden hier die Herzogseinsetzungen vollzogen. Der Fürst trug Bauernkleider und wurde von einem der Bürger auf einem Römerstein sitzend empfangen. Nach Beantwortung einiger Fragen konnte der Adelige seinen Sitz einnehmen. Der Römerstein wird seit dieser Zeit »Fürstenstein« genannt. Die darauffolgende Weihe fand in Maria Saal statt. Auf dem Zollfeldener »Herzogstuhl« hielt der neue Herrscher erstmals Gericht. Unter der Maria Saaler Kirche, die ehemals mit der Burg eng verbunden war – nur noch eine vermauerte Tür ist davon übrig geblieben –, befindet sich das Beinhaus.

**Adresse** Pfalzstraße 8, 9063 Maria Saal-Karnburg | **ÖPNV** vom Hauptbahnhof Klagenfurt mit Bus 5371 bis Haltestelle Karnburg | **Anfahrt** von der A 2 Abfahrt Klagenfurt Nord, Richtung St. Veit und die Abfahrt Karnburg von der S 37 nehmen | **Öffnungszeiten** unter Tel. +43 (0)676/87728033 | **Tipp** Der Ulrichsberg bei Karnburg ist die zweite Station des Vierbergelaufs. Dieses mystische Schauspiel einer österlichen (Gründonnerstag bis Karfreitag) Nachtwanderung über vier Berge nimmt um 22 Uhr seinen Anfang und endet nach knapp 20 Stunden wandern in der Dämmerung des nächsten Tages.

# 81 Der Hexenstein

*Eine Botschaft aus der Walpurgisnacht?*

Wer hätte gedacht, dass sich südlich von Reifnitz mitten im Wald eine heidnische Kultstätte samt Hexenstein verbirgt? Dieser Opferstein liegt gut verborgen unter dem Felsen der Burgruine Reifnitz, die aus dem 8. bis 9. Jahrhundert stammt und einst eine der mächtigsten den Wörthersee beherrschenden Wehranlagen war. Nicht von ungefähr dürfte dieser Standort für den von Menschenhand geformten Quaderstein gewählt worden sein. Heute hebt er sich moosüberwuchert vom Waldboden ab.

Auch wenn man sich nicht auf die Suche nach dem Hexenstein begeben hätte, wäre einem diese merkwürdige Skulptur aufgefallen, die auf der Oberseite eine in den Stein gehauene Opferschale von 95 Zentimeter Durchmesser und 15 Zentimeter Tiefe – versehen mit einer Abflussrinne – aufweist.

Möglicherweise ist diese heidnische Kultstätte das Relikt einer Revolte gegen die einflussreiche katholische Kirche Maria Wörth. Heimlich trafen sich Gleichgesinnte nächtens im tiefen Wald, um an eigenen Riten festzuhalten und sich somit unbeobachtet gegen die zweite christliche Missionierung zu verwehren. Kaum ein Wanderer, der nicht in den Bann dieser Kultstätte gezogen wird, wenn er vor dem Hexenstein steht und seine Handflächen über die Oberfläche gleiten lässt. Was für geheimnisvolle keltische Bräuche und Handlungen wurden hier vollzogen, welche Opfer dargebracht?

Am einfachsten ist der Weg von der Schiffsanlegestelle Reifnitz aus zu finden, vorbei an der Burgruine zur Bergkirche St. Margarethen liegt am Ende eines abschüssigen Weges der sagenumwobene Opferstein. Der hier beschriebene Weg ist Teil des Wörthersee-Rundwanderwegs, mit einer Gesamtstreckenlänge von etwa 55 Kilometer und Seehöhen von 440 bis 850 Metern. Die Wanderung kann beliebig begonnen und unterbrochen werden und zahlt sich wegen der wunderbaren Ausblicke sowohl auf den Wörthersee als auch auf die Karawanken aus.

Adresse Raunach, 9081 Maria Wörth | Anfahrt Abfahrt Klagenfurt Minimundus von der A 2 Richtung Maria Wörth, Abzweigung Raunacherstraße in Reifnitz, bis zum Erlenweg; hier das Auto abstellen und wenige Minuten zu Fuß weiter | Tipp Mit festem Schuhwerk und ausreichend Gelsenschutz bewaffnet, kann die Wanderung durch die Moorauen bei Keutschach gewagt werden. Zentrum ist ein Moorturm, der einen guten Überblick über das Moor bietet.

# 82 Die Winterkirche

*Die Plakatwand der Mönche*

In besonders stillen Nächten, so erzählt die Sage, ist vom Nordufer der Halbinsel Maria Wörth das Läuten der Kirchenglocken einer untergegangenen Stadt zu hören. Ein kleines Männchen soll einst als Strafe für das unmäßige Verhalten der Stadtbewohner ein Fass geöffnet und Häuser, Kirchen, Mensch und Tier im heraussprudelnden Wasser versinken lassen haben.

Aber es ist nicht nur die Legende, die diesen fast gänzlich vom Wasser umschlossenen Ort zu etwas Besonderem macht. Das Kirchenensemble, bestehend aus Pfarrkirche mit romanischem Karner und der kleineren Winter- oder Rosenkranzkirche, zieht Jahr für Jahr viele Touristen, Heiratslustige und Täuflinge samt Anhang an. Oft bleiben die Kirchentüren geöffnet, damit auch die vor den Pforten Stehenden in den Genuss des Ave Maria kommen. Die im 12. Jahrhundert geweihte Winterkirche verdankt ihre Bedeutung den wunderbaren terrakottafarbenen Fresken. Das kleine Gotteshaus liegt westlich unterhalb der Pfarrkirche und hat seinen schönen Namen von den Schutzheiligen dieser Jahreszeit. Die bedeutenden romanischen Wandmalereien im Chor stammen aus der zweiten Hälfte des 11. Jahrhunderts. Sie zeigen die zwölf Apostel in Arkaden mit breitem Palmettenornamentband und Vorhangsockel. An der Nordwand des Kirchenschiffes sowie an der nördlichen Triumphbogenwand finden sich weitere gotische Fresken mit Heiligendarstellungen aus der Mitte des 14. Jahrhunderts. Nicht nur Schönheit und Alter der Fresken sind außergewöhnlich, auch der Umstand, dass die Mönche selbst die Wand bemalten, ist beachtenswert.

Weiters sehenswert ist das bezaubernde Glasgemälde der auf einer Mondsichel stehenden Madonna mit Strahlenkranz aus dem 14. Jahrhundert, ein Hauptwerk der österreichischen spätgotischen Glasmalerei. Wenn die Glocke ertönt, sollte man innehalten. Kommt ihr Geläut vom Seegrund oder aus dem 14. Jahrhundert?

In the image, the following inscriptions appear:

GLORIOSISSIMÆ MARIÆ OMNE GENV CVRVETVR
IN N...NISMÆ ET ... COELI TER...
...RIA
SVB R. D. M. BART. PISCH

MARIA

PER CIPIAT & PROTEGAT CONFRATRES IN DIE MORTIS

Adresse Pfarrplatz 1, 9082 Maria Wörth | ÖPNV vom Hauptbahnhof Klagenfurt
mit Bus 5310 bis Maria Wörth | Anfahrt Abfahrt Klagenfurt Minimundus von der
A 2 Richtung Maria Wörth | Öffnungszeiten 8–20 Uhr | Tipp Die Geschichte der
untergehenden Stadt hat der bekannte bildende Künstler Heinz Goll in Klagenfurt beim
Arthur-Lemisch-Platz mit dem »Wörthersee Mandl« zum Leben erweckt. Mit erhobenem
Zeigefinger warnt er, während Wasser aus seinem Fass in ein Brunnenbecken fließt.

# 83 Die Arnulffeste

*Auf der kaiserlichen Ruine*

Der Karolinger Arnulf, auch Arnolf oder Arnolph genannt, war ein Urenkel Karls des Großen und hat trotz seiner unehelichen Geburt im Jahre 850 eine steile Karriere gemacht. Die Stationen seines Aufstiegs waren beachtlich, Arnulf war eine der herausragendsten Gestalten der Epoche zwischen Karl dem Großen und Otto dem Großen. Mit 26 Jahren wurde er Markgraf von Karantanien, ein Jahr darauf ostfränkischer König, danach König von Italien und mit 46 Jahren – bis zu seinem Tod 899 durch einen Gehirnschlag – römischer Kaiser.

Arnulf wuchs in der im 9. Jahrhundert errichteten, im Volksmund »Mosaburch« genannten Arnulffeste, auch bekannt als Hetzelburg, in der idyllischen Gegend um die Moosburger Teiche auf. Es ist ein sehr altes Siedlungsgebiet, wie Funde aus der Bronzezeit bestätigen. Die Burganlage befindet sich auf drei Hügeln und setzt sich aus drei Bauensembles zusammen. Im Spätmittelalter wurde der Komplex zu einer Wehranlage vereint, mit der Errichtung des heutigen Schlosses durch das Geschlecht der Emauer verfiel die Arnulffeste ab dem 16. Jahrhundert. Die ursprüngliche Wehranlage, das »heribergium« am Rauthügel, war der älteste Teil der ausgedehnten Anlage, auf dem Thurnerhügel war die Hauptburg aus dem 12. bis 14. Jahrhundert und auf dem Arnulfhügel der Burggrafensitz, der »Arnulfturm« samt Bering aus dem 13. Jahrhundert, von dem noch Reste erhalten sind.

Arnulf kehrte immer wieder aus Regensburg nach Kärnten in seine Moosburger Feste zurück und verbrachte hier auch Weihnachten 888 – das Jahr, in dem er Oda heiratete. Mit ihr hatte er einen Sohn, der bis zu seinem Tod mit 18 Jahren nur »das Kind« gerufen wurde. Der sexuell sehr umtriebige Arnulf hatte zudem weitere drei bis vier uneheliche Kinder.

Jährlich findet in Moosburg das Kaiser-Arnulf-Fest statt. Es ist eine folkloristische Veranstaltung zur Bewahrung und Dokumentation ungebrochener karolingischer Tradition.

**Adresse** Schloss 1, 9062 Moosburg | **ÖPNV** vom Hauptbahnhof Klagenfurt mit Bus 5230 nach Moosburg Platz | **Anfahrt** Abfahrt Klagenfurt Nord von der A 2 Richtung Feld-kirchen bis Moosburg und weiter zum Schloss | **Tipp** Schloss Moosburg wacht majestätisch über dem Ort. Und auch wenn es nicht die Heimstätte des »Kärntner Kaisers« war, lohnt sich ein Besuch im Hochzeitsschloss der Klagenfurter.

# 84 Der Karner von Tigring

*Ein Geisterturm des Mittelalters*

Wer sich gerne kalte Schauer über den Rücken jagen lässt, für den ist dieser Ausflug Pflichtprogramm. Beim Rundgang über den Friedhof, der die kleine Pfarrkirche St. Egyd umgibt, stößt man unweigerlich auf den im Süden gelegenen romanischen Karner mit Halbkreisapsis.

Im tiefen Mittelalter, knapp nach der Jahrtausendwende, als wider Erwarten der Weltuntergang ausgeblieben war, kamen Gebeinhäuser in Mode. Wurde der Platz auf dem Friedhof eng, verschwanden die Knochen der Altverstorbenen in kellerartigen Gewölben, die sich schnell mit halb verrotteten Skeletten füllten. Der Tigringer Karner ist das Paradebeispiel hochmittelalterlicher Karner in Kärnten. Außergewöhnlich ist nicht nur das Alter des gedrungenen Gebäudes mit seinem Spitzkegeldach, sondern das gesamte Ensemble der Anlage mit Kirchlein, Friedhof und Dorf, auf einer Anhöhe gelegen. Der Knochenturm, ein zweigeschossiger Rundbau der Romanik aus der Mitte des 12. Jahrhunderts mit seinem darunterliegenden Beinhaus, befindet sich am Rande des Friedhofes. Ursprünglich war er eine Taufkapelle und verwandelte sich dann im Lauf der Jahre in einen Gebeinturm. Mit diesem Funktionswechsel stellt er eine Ausnahme dar. Das äußere Erscheinungsbild ist weitgehend original erhalten. Die grob weiß verputzte Mauer wirkt wie ein abweisender Ring, der das geheimnisvolle Innere umschließt. Der tief gelegene Raum, der der Aufbewahrung der Gebeine diente, wurde nur vom Totengräber betreten und durch ein kleines Fenster belüftet.

Romanische Lichttürme setzten sich gegen das vormalige Ablegen der Knochen im finstersten Teil des Friedhofes durch. An diesem Ort der Zweitbestattung schienen die Seelen der Toten nun besser geschützt vor Dämonen und Geistern, und gleichzeitig sollten die Verstorbenen daran gehindert werden, als Wiedergänger die Lebenden zu ängstigen. 1996 ist der Karner von Tigring zur Aufbahrungshalle umfunktioniert worden.

**Adresse** Tigring 2, 9062 Moosburg | **ÖPNV** vom Hauptbahnhof Klagenfurt mit Bus 5232 nach Tigring Ort | **Anfahrt** Abfahrt Klagenfurt Nord von der A 2, Richtung Feldkirchen bis Moosburg, abbiegen nach Tigring, im Ort zur Kirche | **Tipp** »Seit alter Zeit bestand am püchl zu thigring ain richtstatt.« Dieser Spruch vom Jahre 1570 weist auf einen südlich der Pfarrkirche liegenden Gerichtsplatz, auf dem in fränkischer Zeit unter freiem Himmel Gerichtsversammlungen stattfanden.

# 85 __ Der buddhistische Tempel
## *Zen neben der Dorfkirche*

Im Osten Klagenfurts erhebt sich ein fernöstlicher Tempel aus der Landschaft. Im Frühling ist er von rosa Kirschblüten umgeben, im Winter schneebedeckt. Ein idyllisches Bild. Das Meditationszentrum wurde im Jahre 1990 von der Sayagyi U Ba Khin Meditationsgesellschaft, die seit 1984 besteht, erbaut. Es wurde ein Ort geschaffen, an dem buddhistische Meditation gelehrt und praktiziert wird. Die Kärntner Jünger haben selbst beim Bau tatkräftig mitgeholfen und Stein um Stein den Tempel entstehen lassen. Das Unternehmen hat einige Jahre in Anspruch genommen und ist unter großen Anstrengungen und knappen finanziellen Mitteln bewerkstelligt worden. Seither finden hier monatlich Meditationskurse statt.

Nicht weit entfernt, in einem friedlichen Nebeneinander von Religion und Religion, steht die römisch-katholische Pfarrkirche Poggersdorf, die dem heiligen Jakobus dem Älteren geweiht ist und 1616 erstmals erwähnt wurde.

Ursprünglich stammt das Gotteshaus aus dem 12. und 13. Jahrhundert, wurde jedoch in den Jahren der Gotik und des Barock weiterentwickelt. Interessant ist der spätgotische Chorturm von 1550. Er verfügt über spitzbogige Schallfenster, Gurtgesims und einen Pyramidenhelm. Im Osten gibt es ein sehenswertes gotisches Maßwerkfenster, alle anderen Fenster wurden barockisiert. Hübsch ist auch das Diamantquaderdekor aus dem Beginn des 17. Jahrhunderts. Am Eingangsportal sind Wappen von 1626 und ein vermutlich gotisches Kopfrelief angebracht. Hervorzuheben ist auch der niedere romanische Triumphbogen. Neben dem Kirchenportal befinden sich ein römisches Relieffragment mit Akanthusornament und weitere Spolien aus der Römerzeit.

Ob Gläubige nun in den Hallen des buddhistischen Tempels meditieren oder kontemplativ im Gebet durch den slowenischen Kreuzweg aus dem Ende des 19. Jahrhunderts der Pfarrkirche schreiten, bleibt jedem selbst überlassen.

**Adresse** St. Michael 6, 9130 Poggersdorf, www.imc-austria.com | **ÖPNV** vom Hauptbahnhof Klagenfurt mit Bus 5396 bis Haltestelle Salchendorf/St. Michael, 15 Minuten zu Fuß zum Tempel | **Anfahrt** von der A 2 Abfahrt Grafenstein, Richtung Völkermarkt bis zur Abzweigung Wabelsdorf, durch den Ort | **Öffnungszeiten** zu erfragen unter Tel. +43 (0)4224/2820 | **Tipp** Wie könnte es anders sein, in Kärnten herrscht Buddha nicht allein. Unweit des Tempels befindet sich die spätgotische Kirche St. Michael mit einem für die Region typischen Innenraum, wobei die beiden Netzrippengewölbe bemerkenswert sind.

# 86 Die Stadelfenster

*Historisches Kleinod am Kreuzerhof*

Fährt man mit offenen Augen durch Kärnten, wird der Blick von manch einem bäuerlichen Wirtschaftsgebäude magisch angezogen. Die charakteristischen ornamentalen und dekorativen Ziegelgitterfenster an landwirtschaftlichen Bauten sind im südalpinen Raum weit verbreitet und gelten als bauliche Merkmale des alpinen Raums. Die roten Ziegelgitter sind in Form, Symbolik und Aussehen individuell gestaltet. Typische Motive sind dabei das Kreuz und gotisch anmutende Rosetten. Diese Blickfänge ländlicher Architektur schützten vor Regen, Sturm und Feuerfunken, aber auch vor Vögeln und hielten Heu und Getreide trocken. Die sogenannten Stadelfenster sind kunstvoll angeordnete Lüftungsöffnungen. Sie geben durch ihre künstlerische Gestaltung auch Aufschluss über Armut oder Wohlstand ihrer Besitzer und dienen nach altem Volksglauben zudem der Abwehr unheilbringender Dämonen. Daher bedeutete die filigrane Anordnung dieser Ziegelgitter auch Schutz. »Spiegelwand« ist ein Begriff, der diese Schutzfunktion, feindliche Mächte zu spiegeln und dadurch zu bannen, beschreibt.

Ein schönes Beispiel ist der aus dem 15. Jahrhundert stammende Kreuzerhof in Poggersdorf. Seine kunstvollen Ziegelgitterfenster sind Kleinode der Volkskunst.

Aufgrund unterschiedlicher Ereignisse ist das bäuerliche Anwesen des Kreuzerhofes von großer kulturhistorischer Bedeutung: Markus Pernhart, der bedeutendste Maler Kärntens, wurde als 16-Jähriger dort vom Dechant entdeckt und gefördert. Kaiser Franz Josef machte bei seinen Durchreisen immer halt am Kreuzerhof und verlieh dem Gut die Maria-Theresia-Konzession. 1919 war der Hof Mittelpunkt der Kampfhandlungen zwischen österreichischen Verbänden und Truppen des Königreichs Slowenien, wie die Einschussstellen bezeugen. Zudem wurde 1822 neben dem Hof ein römischer Meilenstein des Kaisers Septimius Severus aus dem Jahre 201 nach Christi gefunden.

**Adresse** Poggersdorf 58, 9131 Poggersdorf | **ÖPNV** vom Hauptbahnhof Klagenfurt mit Bus 5368 bis Haltestelle Poggersdorf Ort | **Anfahrt** von der A 2 Abfahrt Grafenstein, Richtung Völkermarkt bis zur Abzweigung Poggersdorf fahren | **Tipp** Wer einen richtigen Kärntner Kirchtag erleben will, ist am letzten Sonntag im Juli in Poggersdorf an der richtigen Adresse.

# 87 Das Brahms-Denkmal
*Rhapsodie der Sommerfrische*

Johannes Brahms wurde 1833 in Hamburg geboren. Der bedeutende Komponist musste als Jugendlicher zum Einkommen der Familie beitragen und in Tanzlokalen aufspielen. Ein Artikel von Robert Schumann machte den hochbegabten jungen Mann mit einem
Schlag berühmt. 1872 übersiedelte Brahms nach Wien, die Som-
mermonate verbrachte er an unterschiedlichen Orten. Da Pörtschach
1864 eine Station der neuen Südbahn von Wien nach Italien wurde,
entwickelte sich der Ort bald zu einem beliebten Ferienziel. Viele
Großbürger und Adelige weilten damals zur Sommerfrische rund
um den Wörthersee. Unter anderen Gustav Mahler und Kaiser Franz
Joseph I. Drei Sommer lang, zwischen 1877 und 1879, hielt Brahms
sich in Pörtschach auf, obwohl er anfangs nur eine Weile hier bleiben wollte.

Seiner großen Liebe, der 14 Jahre älteren Clara Schumann, mit
der Brahms zeitlebens innig verbunden war, schrieb er entzückt: »Der
erste Tag war so schön, dass ich den zweiten durchaus bleiben wollte, der zweite so schön, dass ich fürs erste weiter bleibe!« Und so geschah es auch. Zuerst residierte er bei den Besitzern des Schlosses
Leonstain. Im Schlosshotel komponierte der Sommerfrischler ein
Violinkonzert und seine 2. Symphonie, die auch »Pörtschacher Symphonie« genannt wird. Beides sind heitere und helle Stücke, getragen
von Wohlbehagen.

Der idyllische Ort blieb für drei Jahre das Lieblingsferiendomizil
von Brahms. 1878 zog er in ein Haus in der Hauptstraße 205, gegenüber dem Schlosshotel, in dem sein Violinkonzert, die Violin-
sonate und zwei Motetten entstanden. Von seinem Haus aus ging
Brahms nackt frühmorgens in den See schwimmen. Brahms starb
mit 63 Jahren in Wien vermutlich an Bauchspeicheldrüsenkrebs.
Im Gedenken an Johannes Brahms finden jährlich in Pörtschach
Brahms-Tage und eine Internationale Brahms-Festwoche statt. Ein
kleines Brahms-Museum befindet sich im Kino.

**Adresse** Leonstainerstraße 1, 9210 Pörtschach | **ÖPNV** von Klagenfurt mit dem Zug nach Pörtschach | **Anfahrt** Abfahrt Pörtschach Ost von der A 2, nach Pörtschach, am Ortsanfang den Hinweisschildern nach | **Tipp** Im Innenhof des Hotel Leonstain am Ortsende befindet sich eine schöne Büste des Komponisten, die an seine kreative Schaffensperiode erinnert. Nebenbei bietet der Restaurantbetrieb bekannte Leckerbissen der Wörtherseeküche.

# 88 Die Gloriette

*Zwei Tempelchen über dem Wörthersee*

Der Gloriette-Wanderweg über Pörtschach führt über die Burgruine Leonstain, die schon im 17. Jahrhundert eine Ruine war, zu einem luftigen Tempelchen, von dem man den Wörthersee nach Südwesten überschauen und das einmalige Panorama genießen kann. Beim Wort Gloriette fallen einem automatisch Wien und Schönbrunn ein, doch der 16,5 Kilometer lange und 1,48 Kilometer breite Wörthersee hat sogar zwei Glorietten: die »Hohe« und die »Niedere Gloriette«. Beide bieten eine wunderbare Aussicht und sind über Wanderwege gut erreichbar.

Eine Gloriette ist ein kleines tempelartiges Gebäude in einer Gartenanlage auf einem erhöhten Standort. Die Gestalt kann sehr unterschiedlich sein. Die »Niedere«, auch »Kleine Gloriette« genannt, ist ein offenes Holzhäuschen mit Bänken zum Ausruhen und Über-die-Landschaft-und-den-See-Schauen. Der kleine Pörtschacher Säulenpavillon, die »Hohe Gloriette«, steht an einem der schönsten Aussichtspunkte, 520 Meter über dem See. Das Tempelchen gilt als einer der romantischsten Plätze Kärntens, vor allem bei Sonnenuntergang. Schon die alten Römer wussten diesen schönen Ausblick zu schätzen. Sie errichteten vor 2.000 Jahren ihre Wachtürme hier und an der Stelle, an der heute noch die Ruine Leonstain steht. Diese ist das Überbleibsel einer mittelalterlichen Burganlage. Die Hauptburg stammt teilweise aus dem 12. Jahrhundert, erstmals urkundlich erwähnt wurde sie 1166. Südlich der Anlage ragt ein länglicher Felskopf mit viergeschossigem, spätromanischem Bergfried – der älteste Teil der Ruine – empor. Im Osthof stehen Reste der spätgotischen Verbauung aus dem 14./15. Jahrhundert, im Westhof finden sich Hinweise auf eine Kapelle aus dem 15. Jahrhundert. Im Norden der Hauptburg dehnt sich ein spätmittelalterlicher Wirtschaftshof aus.

Zwar ist die Burgruine selbst nicht zugänglich, doch von der Niederen und Hohen Gloriette ist sie gut zu sehen.

**Adresse** Glorietteweg, 9210 Pörtschach | **ÖPNV** von Klagenfurt mit dem Zug nach Pörtschach | **Anfahrt** Abfahrt Pörtschach Ost von der A 2, nach Pörtschach bis zum Hotel Leonstain | **Tipp** Wer auf eine Tageswanderung mit herrlichem Panorama Lust hat, dem sei der Wörthersee-Rundwanderweg empfohlen. Hier bildet die Hohe Gloriette nicht den Wendepunkt, sondern die erste Etappe Richtung Techelsberg und weiter bis Velden.

# 89 Das Lichtspieltheater

*Jugendstil pur*

Mitten in Pörtschach steht Kärntens letzter klassischer Kinobau aus dem Jahre 1930. Seit kurzer Zeit ist das Haus ein Programmkino. Wer verbindet nicht gerne Kultur mit Vergnügen? Und wenn das bei der Sommerfrische an einem Regentag gelingt, ist der Urlaub schon halb gerettet. Das Pörtschacher Kino war seit jeher ein unvergesslicher Ort der Begegnung. Mitten auf dem belebten Monte-Carlo-Platz verband und verbindet sich hier Kultur mit Unterhaltung.

Die Landschaft um den See verdankt ihre Einzigartigkeit auch den Bauten aus den Jahren 1864 (der Anbindung an die Südbahn) bis 1938 (dem Anschluss Österreichs an Deutschland). Die Villen, das Kraftwerk Forstsee, das Strandbad und der Ruderverein Albatros, das Kino in Pörtschach, Hotels, Boots- und Badehäuser rund um den See verbinden Stilmerkmale, die als »Wörthersee-Stil« bekannt geworden sind. Das seit 1930 in Pörtschach bestehende ehemalige Werzer-Kino ist ein Zwischenkriegsbau des bedeutenden Architekten Prof. Franz Baumgartner. Es ist ein spätes Bauwerk des Meisters, dennoch hat es sich noch Elemente seiner sezessionistischen Architektur bewahrt.

Die große Kinokrise in den letzten Jahrzehnten des vorigen Jahrhunderts – in Österreich mussten 700 Kinos schließen – verschonte auch Kärnten nicht. Dennoch gelang es, das Kino Pörtschach zu erhalten. In den 70er Jahren des vorigen Jahrhunderts wurde es von dem bekannten Filmproduzenten Karl Spiehs (Lisa Film) und Otto Retzer übernommen, neu gestaltet und belebt. Als 2010 Dr. Philipp Daniel Merckle das Kino kaufte, bekam es nicht nur architektonisch durch die Adaptierung des klassischen Baumgartner-Gebäudes neuen Aufschwung, sondern entwickelte sich wieder zu einem kommunikativen Zentrum. Mit dem Kult-Stummfilm des deutschen Expressionismus aus dem Jahr 1927 »Metropolis« von Fritz Lang wurde das Haus 2010 als »Villi Kino« wiedereröffnet.

**Adresse** Werzerpromenade 1, 9210 Pörtschach, www.villikino.at | **ÖPNV** vom Hauptbahnhof Klagenfurt mit dem Zug nach Pörtschach | **Anfahrt** Abfahrt Pörtschach Ost von der Autobahn A 2, nach Pörtschach bis Ortsmitte | **Tipp** Anfang Juli verwandelt sich Pörtschach mit dem World Body Painting Festival ins Mekka der Körpermaler. Drei Tage lang wird Pörtschach zum Jahrmarkt der Eitelkeit.

# 90__Die Napoleonslinde
### *Schutzdach seit 1.000 Jahren*

In Pritschitz am Wörthersee an der Kärntner Straße (B 83) steht dieser 1.000 Jahre alte Baum. Den heutigen Namen hat die mächtige, geheimnisvolle Linde vom kleinen Korsen, Kaiser Napoleon Bonaparte. Einer Überlieferung zufolge soll der Kaiser, als die Franzosen Kärnten besetzten, mit seinem Heer unter dem Laubdach des Baumes genächtigt haben. Zumindest könnte Napoleon sich in der Nähe der historischen Linde aufgehalten und ihm so zu seinem Namen verholfen haben. Eines ist klar, diese beeindruckende Linde mit ihrer gewaltigen Krone gehört zu den Naturdenkmälern Kärntens.

Naturgebilde wie Einzelbäume oder Baumgruppen können neben Alleen, Klammen, Höhlen, Wasserfällen, Felsbildungen, Schluchten, Quellen oder fossilen Tieren beziehungsweise Pflanzenvorkommen zu Naturdenkmälern ernannt werden. Der Begriff wurde im Jahre 1799 von dem deutschen Naturforscher Alexander Freiherr von Humboldt geprägt. Seit Beginn des 20. Jahrhunderts ging man auch in Kärnten auf die Suche nach Naturdenkmälern, die man in Folge schützte. Auch kleine Biotope, die für das Überleben bestimmter Tier- oder Pflanzenarten wichtig sind, zählen dazu. Allein in Kärnten sind 263 solcher Naturschönheiten entdeckt worden. Zum Denkmal werden sie jedoch nur, wenn an ihnen nichts verändert wird, was ihre natürliche Schönheit beeinträchtigt.

Welchen Namen die prächtige Sommerlinde vor Napoleons Zeit trug, ist umstritten. In einigen Schriften wurde eine Riesenlinde erwähnt. Nachdem sie laut einer Sage im Mittelalter bereits eine so mächtige Krone gehabt habe, dass in ihrem Schatten zwölf Ritter mit ihren Pferden rasten konnten, könnte der Baum ja vielleicht Ritterlinde geheißen haben. Auf alle Fälle ist dieser Baumriese äußerst wehrhaft, denn obwohl er von unzähligen Blitzen getroffen und von mächtigen Stürmen gepeitscht wurde, blüht er Frühjahr um Frühjahr wieder.

**Adresse** Pritschitzer Weg, 9210 Pörtschach | **ÖPNV** vom Hauptbahnhof Klagenfurt mit Bus 5179 bis Pritschitz Schiffwirt | **Anfahrt** Autobahnabfahrt Pörtschach Ost, Kärntner Straße Richtung Klagenfurt auf der linken Straßenseite bei der Abzweigung nach Pritschitz | **Tipp** Das ehemalige Gasthaus Schiffwirt wird heute unter seinem Namen von Thomas Gruber geführt. Das unscheinbare Äußere täuscht, hier wartet eine engagierte, junge, mediterrane Küche auf die Gäste – unbedingt probieren.

# 91 Das Oswaldikirchlein
*Schweineschenkel im Weihrauch*

Nahe Pörtschach liegt das Dorf Goritschach romantisch um einen Hügel. Das weiß gekalkte Oswaldikirchlein mit dem dunklen, für den Alpenraum typischen Schindeldach befindet sich auf dem Hügel. Der gotische Bau aus dem frühen 15. Jahrhundert wurde in der Barockzeit verändert, der Altar stammt aus dem Jahr 1720. Zwei spätgotische Schnitzfiguren der Heiligen Oswald und Veit sind darauf zu sehen.

St. Oswald ist eine der vielen Dorfkirchen Kärntens, in der am Ostersamstag die traditionelle Fleischweihe zelebriert wird. Natürlich kommt es auch in anderen Städten zur Speisensegnung, aber die feierliche Stimmung in den Dorf- und Bergkirchen, unter freiem Himmel oder bei Kapellen, Bildstöcken oder Wegkreuzen ist kaum zu übertreffen.

Die Fleischweihe ist ein alter österlicher Brauch, der vor allem in Kärnten und der Steiermark gepflegt wird. Mit einem Augenzwinkern wird die Speisensegnung das »achte steirische Sakrament« genannt, da viele im ganzen Jahr nur an diesem Gottesdienst teilnehmen. Die mitgebrachten Weidenkörbe sind bis oben hin gefüllt mit den typischen Zutaten einer köstlichen Osterjause. Das im besten Fall selbst bestickte weiße Leinentuch schützt Osterfleisch, Osterwürste, Kren, Ostereier, Osterpinzen und den Osterreindling vor den neugierigen Blicken der anderen Kirchenbesucher. Nach einer kurzen Andacht segnet der Pfarrer die Menschen und nicht, wie fälschlich geglaubt wird, die Jause. Aber natürlich spritzt das Weihwasser auch auf die Leckereien. Später wird dann im Familienkreis gemeinsam gegessen. Und schon manch einer hat betont, der mit Weihwasser beträufelte Schinken schmecke um ein Vielfaches besser.

Früher verspeiste man in Kärnten das Osterfleisch erst am Morgen des Ostersonntags, nachdem die Kinder die bunten Eier, die der Osterhase versteckt hat, gefunden haben, mittlerweile hat sich der Brauch auf den Ostersamstag vorverlegt.

**Adresse** St. Oswald, Goritschacher Weg, 9210 Pörtschach | **ÖPNV** vom Hauptbahnhof
Klagenfurt mit Bus 5179 bis Pritschitz Schiffwirt | **Anfahrt** Autobahnabfahrt Pörtschach
Ost, nach rechts Richtung Pörtschach, vor der Bahnbrücke wieder rechts und bis zur
Kreuzung Goritschacher Weg | **Öffnungszeiten** zu erfragen unter Tel. +43 (0)4272/2260 |
**Tipp** In der Bäckerei Wienerroither auf der Pörtschacher Hauptstraße gibt es das ganze
Jahr über den traditionellen Kärntner Reindling.

# 92 Das Parkhotel

*Das süße Leben des Graf Bobby*

Das Parkhotel auf der Halbinsel war Kulisse für unzählige Wörthersee-Filme der 60er Jahre. Der Blick erinnert an eine Ansichtskarte. Schaut man aus einem der Fenster des Hotels auf den See, ist der Griff zum Fotoapparat fast schon Pflicht. Das traditionsreiche Haus liegt wie ein lang gezogenes Schiff mitten in einem 40.000 Quadratmeter großen romantischen Privatpark mit der seltenen Aussicht auf das Ost- und das Westufer des grün schillernden Sees. Doch es ist nicht nur die idyllische Lage, die das Parkhotel zu etwas Außergewöhnlichem macht.

Das über 50 Jahre alte Bauwerk von 1963 nimmt einen bedeutenden Platz in der Architekturgeschichte der Nachkriegsmoderne ein. Durchgestylt von der Hotelaufschrift über dem Haupteingang bis zu den blauen Türknäufen der Telefonzellen, dem Fußboden oder den phänomenalen Deckenlampen wird kein Detail der 60er Jahre des vorigen Jahrhunderts ausgelassen. Längst schon ist es zum Mythos und Kultobjekt geworden.

Das war nicht immer so. Pörtschach war bis Mitte des 19. Jahrhunderts ein verträumtes Fischerdorf. Durch die Anbindung an die Südbahn 1864 wurde der Wörthersee den Sommerfrischlern erschlossen. Nur sehr erlauchte Persönlichkeiten hatten schon davor das Vergnügen, wie zum Beispiel Kaiser Franz Josef und Kaiserin Sissi im Jahre 1856. Der Wiener Porzellanfabrikant Carl Ernst David Wahliß errichtete 1872 an der Stelle des heutigen Hotels das »Etablissement Wahliß«, ein Imperium, das weite Teile der Gegend einnahm. Seine ortsansässigen Architekten verwerteten das Material aus der Region, wie Holz aus der Umgebung, Steine aus den Steinbrüchen und selbstverständlich den über die Grenzen hinaus berühmten »Pörtschacher Marmor«. Als der Kaiser 1889 zum zweiten Mal auf Besuch kam, war er begeistert.

1963 wurde das Gebäude nach Plänen des Architekten Kurt Köfer zum heutigen Parkhotel umgestaltet.

**Adresse** Hans Pruscha Weg 5, 9210 Pörtschach am Wörthersee, www.parkhotel-poertschach.at |
**ÖPNV** von Klagenfurt mit dem Zug nach Pörtschach | **Anfahrt** Abfahrt Pörtschach Ost von
der A 2, nach Pörtschach, am Ortsanfang dem Hinweisschildern nach | **Tipp** Eine Spezialität
des Hauses ist das Angebot »Dinner & Krimi«. Hier werden der Geist und der Gaumen
gekitzelt.

# 93 Die Steinbrüche

*Marmor durch die rosa Brille*

Schon die Römer verwendeten ihn, wie eine Grabplatte in der Vorhalle der Pfarrkirche in Sankt Martin am Techelsberg zeigt. Der berühmte Pörtschacher Marmor stammt aus unterschiedlichen Steinbrüchen und wurde als Material für Gebäude, Denkmäler, Grabmonumente, Mauern und Pflasterungen verwendet. Als »Pörtschacher Marmor« werden unterschiedliche Steine bezeichnet, die sich neben Pörtschach auch in Sekull, Töschling – dieser Steinbruch ist von der Süd-Autobahn deutlich zu sehen – und Tentschach finden. Der Überbegriff »Pörtschacher Marmor« stammt aus der Zeit, als das Material hier auf die Eisenbahn verladen wurde.

Im Steinbruch bei den Weilern Pavor und Sekull nördlich des Wörthersees fanden sich römische Schrämspuren, die heute leider nicht mehr sichtbar sind. Das heißt, auch hier haben die Römer diesen spezifischen Marmor abgebaut. Steinbrüche wie der von Tentschach lagen in der Nähe römischer Siedlungsgebiete und verkehrstechnisch günstig, daher wurde bevorzugt Marmor gewonnen. Hier sind noch gut erhaltene Schrämspuren, eine Inschrift sowie römische Abbauwände erhalten.

Was ist Marmor? Ein Karbonatgestein, das aus den Mineralen Kalzit, Dolomit oder Aragonit besteht. Warum ist der Pörtschacher Marmor rosa-grün-weiß? Dieser spezielle und auch besondere Marmor wird durch Epidot grün und durch Hämatit rosa gefärbt. Die Farbpalette des Pörtschacher Marmors variiert zwischen hell-grünlich oder rosa und weiß mit rosafarbigen und grünlichen Bändern. Diese Färbung verläuft hauchzart. Es kommen auch gänzlich rosafarbene Steine vor. Für die Römersteine wurden übrigens nur die weißen Lagen verwendet. Da Farbe und Musterung des Pörtschacher Marmors nirgends sonst auf der Welt zu finden sind, erzielt er Liebhaberpreise. An den Villen der »Wörthersee-Architektur« rund um den See wurde dieser Marmor ebenso verbaut wie im Klagenfurter Lendhafen.

**Adresse** St. Martin am Techelsberg 1, 9212 Techelsberg | **ÖPNV** vom Hauptbahnhof Klagenfurt mit dem Zug nach Pörtschach, weiter mit Bus 5321 bis Haltestelle Sekull | **Anfahrt** Abfahrt Pörtschach West von der A 2 Richtung Techelsberg | **Tipp** Wer in den Wörthersee-Gemeinden mit der Bahn ankommt, lernt den Pörtschacher Marmor auf den ersten Blick kennen. Die Bahnhofsgebäude wurden mit den Steinen der nahe gelegenen Steinbrüche erbaut.

# 94__Werzer's Badehaus

*Idylle in Weiß*

Werzer's Badehaus ist eines der kostbarsten Baujuwele des Sees und ein absolutes Muss, will man die Bade-Architektur kennenlernen. Ursprünglich gab es etwa zehn dieser Badehäuser am Wörthersee, jetzt ist nur noch eines vorhanden – neu im alten Stil erbaut. Die hölzerne Badeanlage liegt am Westufer der Pörtschacher Halbinsel und will gesehen und bewundert werden. Sitzt man auf der Holzveranda, hat man vor sich die traumhafte Kulisse des Sees bis hin zur Hohen Gloriette. Sommerfeeling pur direkt am Wasser. Das historische Flair, das diesem 1895 errichteten und seit 1987 unter Denkmalschutz stehenden Gebäude innewohnte, ist durch den großen Umbau zum Glück erhalten geblieben.»Es ist kein Badehaus, sondern eine Badeanstalt und hat durch seine Historie ein Alleinstellungsmerkmal in ganz Europa.« Mit diesen Worten betonte der Landeskonservator den Wert des weißen Juwels. Es ist eines der wenigen erhalten gebliebenen Bauwerke des großen Wörthersee-Architekten Josef Viktor Fuchs.

Das Bundesdenkmalamt akzeptierte berechtigterweise ausschließlich ein architektonisch hochwertiges Adaptierungskonzept für das geschichtsträchtige Badehaus. Daher gestaltete sich der Umbau der Anlage, der 2004 beendet war, nicht einfach. Sechs Architekten wurden bemüht, bis es endlich dem siebenten gelang, sowohl die Atmosphäre zu erhalten als auch das geplante Projekt zur Zufriedenheit aller umzusetzen. Gekostet hat der Umbau des Baujuwels sage und schreibe nicht weniger als 5,4 Millionen.

Das Badehaus ist ein Symbol vergangener Zeit, ein Sinnbild der Bäderkultur voriger Jahrhunderte, und befindet sich am selben Platz, an dem sein historischer Vorgänger gestanden hatte. Nicht nur Hotelgäste, auch externe Besucher und Bewunderer der kleinen und feinen Badeanstalt können auf der Terrasse zu Mittag Tapas der zeitgemäßen Kärntner Küche genießen.

**Adresse** Werzerpromenade 8, 9210 Pörtschach | **ÖPNV** von Klagenfurt mit dem Zug nach Pörtschach | **Anfahrt** Abfahrt Pörtschach Ost von der A 2, nach Pörtschach, am Ortsanfang den Hinweisschildern nach | **Öffnungszeiten** Di – So 10 – 20 Uhr | **Tipp** Jeden Montag in der Sommersaison findet vor Werzers Strandcasino die traditionelle Nachtwasserskishow statt. Dieses Spektakel war ein beliebtes Beiwerk der traditionellen Wörtherseefilme aus der Werkstatt der Lisa Film um Karl Spiehs.

# 95 Der Zocklwirt
*Lust auf Deftiges?*

Wer nach einem urigen Landgasthaus oder einer kräftigen Brettljause in romantischer Landschaft sucht, ist beim »Zocklwirt« und der gegenüberliegenden Buschenschank »Brockhof« genau an der richtigen Adresse. Beide Gaststätten verbindet nicht nur die malerische naturbelassene Landschaft, sondern auch die originären Speisen, die auf Basis der Erzeugnisse regionaler Produzenten hergestellt werden. Zwischen den beiden Tempeln der Gaumenfreude liegt ein schmaler Weg mit dem bezeichnenden Namen »Gaisrückenstraße«.

Der Zocklwirt ist eines der Traditionswirtshäuser rund um den Wörthersee. Das Gasthaus blickt auf eine lange Geschichte zurück. Schon 1870 war die ehemalige »Bauernhubn« ein beliebter Treffpunkt der Pörtschacher Ausflügler, aber auch der Bauern aus der näheren Umgebung. Hier hatten sie ihren Stammtisch und pflegten ihre sozialen Kontakte. Das Wirtshaus verdankt seinen skurrilen Namen einer der langjährigen Wirtinnen und Hausherrinnen, die bevorzugt »Zockln« (Holzpantoffeln) trug, und das nicht nur in der Küche, sondern auch beim Servieren.

Die Buschenschank gegenüber, inmitten von weiten Wiesen und altem Obstbaumbestand, ist ebenfalls sehr ruhig gelegen. Ob im Garten oder im Haus, die echte »Kärntner Brettljausn« schmeckt dort immer. Nicht umsonst wird die Gaststätte auch Most-Buschenschank genannt. Neben Hausspeck, Hauswürstln, Schmalz-, Verhackert-, Topfen-, Schweinebraten-, Liptauer- und Glundenerbroten wird auch Apfelmost angeboten. Da eine Buschenschank sich durch den saisonal begrenzten Ausschank auszeichnet, ist der Betrieb nur in den Sommermonaten geöffnet. Doch gleichgültig, ob man beim Zocklwirt Köstlichkeiten schlemmen oder sich beim »Brockhof« eine urige Brettljause genehmigen möchte, der Streichelzoo hinter dem Parkplatz mit Haserln, Schafen und Zickerln ist für alle Gäste ein Ort der Freude, und keines der Tiere kommt in den Kochtopf.

**Adresse** Gaisrückenstraße 77, 9210 Pörtschach, www.zocklwirt.at (Brockhof:
Tel. +43 (0)681/81323109) | **Anfahrt** Abfahrt Pörtschach Ost von der A2, Richtung
Pörtschach, beim Sparmarkt links ab in die Gaisrückenstraße und dieser circa 1 Kilo-
meter folgen | **Öffnungszeiten** Juni–Sept. täglich 11–23 Uhr | **Tipp** Wer hier auf den
Geschmack gekommen ist, sollte am Südufer des Sees die Buschenschenke Lach in
Schiefling besuchen. Aber Vorsicht: Buschenschenken haben nur über kurze Zeit im Jahr
geöffnet. Ob sie offen haben, ist daran zu erkennen, dass in der Nähe ein gebundener
Strauß (Buschen) zu sehen ist.

# 96__Der Granit-GTI

*Tage des Lärms*

Wenn im Mai von Mittwoch vor Christi Himmelfahrt bis zum darauffolgenden Samstag die Tourismusbetriebe rund um den Wörthersee florieren und Normalsterbliche ihre Häuser fluchtartig verlassen, um in Urlaub zu fahren, kann man davon ausgehen, dass die Flotte der GTIs nach Reifnitz rollt. Es dröhnt, röhrt, und alle Straßen sind verstopft.

Das GTI-Treffen am Wörthersee ist eines der weltweit größten VW-Treffen. Es ist übrigens das einzige Kärntner Event, das nicht durch die Steuerzahler finanziert werden muss. Bis zu 200.000 Besucher nehmen an diesem Happening teil, das inzwischen den Charakter eines Kirchtags angenommen hat. 1976 erschien der erste Golf GTI. Seit 1982 feiert man diese VWs. Im Jahr 2015 findet das 34. offizielle Treffen dieser inzwischen zum Mythos gewordenen Automarke statt. Das Symbol der Massenveranstaltung ist 1987 hinzugekommen: ein GTI aus Granit. Junge Steinmetzlehrlinge aus Wolfsburg, der Volkswagenhauptstadt, schufen aus einem Felsen im Maßstab 1:1 diesen 25 Tonnen schweren Golf GTI.

Dass die Veranstaltung in Verruf geriet, liegt daran, dass es in jeder Masse schwarze Schafe gibt. Speziell Anfang der 90er Jahre kam es gehäuft zu Sachbeschädigungen und Körperverletzungen. Obwohl das Treffen in der Folge aus diesem Grund einige Male abgesagt wurde, kamen die Fahrer und ihre Fans trotzdem und feierten weiter. Auch das Umbenennen der Veranstaltung half nicht, das Volksfest fand wie in den anderen Jahren auch statt. Daraufhin einigte man sich, das Treffen wieder offiziell abzuhalten. Inzwischen hat sich die Situation beruhigt, und die Ausschreitungen der 90er Jahre werden als Kinderkrankheit betrachtet. Positiv fällt auch die Bilanz der Polizei aus. Dennoch ist das GTI-Treffen weiterhin nicht unumstritten. Ein Trend scheint sich in den letzten Jahren abzuzeichnen: Die Tendenz zum Treffen vor dem Treffen abseits von Reifnitz wird immer stärker.

**Adresse** Wörthersee-Süduferstraße 115, 9081 Reifnitz | **ÖPNV** vom Hauptbahnhof Klagenfurt mit Bus 5310 bis Reifnitz Gemeindebad | **Anfahrt** Abfahrt Klagenfurt Minimundus von der A 2 Richtung Maria Wörth | **Tipp** In der Zeit vor und nach dem GTI-Treffen ist die Lakeside Lounge in Reifnitz, Wörthersee-Süduferstraße 104c, eine sichere Adresse zum Chillen und für einen Aperitif.

# 97_ Sankt Anna am Zackel

*Die Andacht mit Meerjungfrauen*

Auf dem Weg zum Pyramidenkogel steht auf einer Anhöhe über der Reifnitzer Bucht die kleine Pfarrkirche St. Anna am Zackel, was »auf dem Kegel« bedeutet. 1385 wurde sie zum ersten Mal urkundlich erwähnt. Als kunstgeschichtliche Besonderheit fällt der außerordentliche barocke Hochaltar aus dem 18. Jahrhundert mit der heiligen Maria und Anna, seitlich den Heiligen Jakobus und Markus und darüber Gottvater auf. Der Volksaltar wurde aus Elementen der ehemaligen Orgel zusammengestellt. Besonders sehenswert ist die spätgotische Madonna in der Mitte des Altars. An der Triumphbogenwand befinden sich auf Konsolen die barocken Statuen des heiligen Johannes und des heiligen Sebastian. Kunstgeschichtlich bedeutsam ist das wertvolle frühbarocke Christopherusfresko aus dem 17. Jahrhundert an der nördlichen Außenmauer, das im Jahr 1964 freigelegt wurde. Der Christopherus mit dem Jesuskind auf den Schultern verleitet den Betrachter, das Besondere des Gemäldes zu übersehen: zwei von der Bildgeschichte losgelöste Meerjungfrauen, deren Herkunft und Bedeutung rätselhaft sind. Schön ist auch das mit Holzschindeln gedeckte Satteldach.

Der spätgotische Stil ist an den spitzbogigen zweiteiligen Fenstern, dem profilierten Eingangsportal mit Kielbogenabschluss und den Strebepfeilern zu erkennen. Auch die Sakristei verfügt über einen spätgotischen Eingang und ein ornamentales Glasfenster im Inneren. Das Sternrippengewölbe des dreijochigen Langhauses sowie des zweijochigen Chors auf Runddiensten und Wappenkonsolen wird ebenso dem spätgotischen Stil zugeordnet. Die Konsolen zeigen Steinmetzzeichen und die Jahreszahl 1639. Zwei toskanische Säulen und ein Platzlgewölbe tragen die geschwungene Sängerempore.

Die St. Anna Kirche ist von Grün umgeben, von einer Wiese und einem hohen Wald. Es wirkt ein wenig so, als würde sie über die Bevölkerung von Reifnitz und Maria Wörth wachen.

**Adresse** St.-Anna-Straße, 9081 Reifnitz | **ÖPNV** vom Hauptbahnhof Klagenfurt mit Bus 5310 bis zum Gemeindebad Reifnitz | **Anfahrt** Abfahrt Klagenfurt Minimundus von der A 2 Richtung Maria Wörth, Abzweigung in Reifnitz nach Keutschach, abbiegen nach rechts in die Sankt-Anna-Straße | **Öffnungszeiten** unter Tel. +43 (0)4273/2289 erfragen | **Tipp** Die Bucht von Reifnitz ist einer der schönsten Flecken am See. Nicht umsonst ist das Schloss Reifnitz seit Jahren ein Gerüchte und Klatsch umwittertes Spekulationsobjekt der europäischen Schickeria.

# 98 Die Keltenwelt Frög

*Das Geheimnis der 600 Gräber*

Wer die Welt der Kelten besser verstehen will, ist in Frög am richtigen Ort. Die geheimnisvolle Zeit der Hallstattkultur wird hier lebendig. Im Freizeitpark Keltenwelt werden Lebensweise, Kult, Weltbild und Gesellschaftsstruktur unserer Vorfahren veranschaulicht. Geschichte wird für Kinder und Eltern spannend und lehrreich aufbereitet. Die Begegnung mit Göttern und der alten Kultur wird als anschauliches Erlebnis inszeniert. Von Station zu Station wandert der Besucher über ein geführtes Wegesystem zu seltenen und gut rekonstruierten Fundplätzen, zu wiederhergestellen Gräbern (Durchmesser fünf bis zehn Meter) und Kultstätten.

Vor etwa 130 Jahren wurden durch Zufall auf einer Fläche von 100 Hektar etwa 600 Grabhügel gefunden. Zur Überraschung der Archäologen fanden sie darunter einen Urzeitfriedhof. In akribischer Forschungsarbeit konnte ein gestalteter Grabhügel als Schaugrab eingerichtet werden.

Auf großen Informationstafeln werden hier die unterschiedlichen Grabbeigaben, wie Schalen, Schmuck und Waffen, erklärt. Eine Besonderheit sind dabei die roh gegossenen kleinen Figuren aus Blei. Diese zeigen in einfachen geometrischen Formen Menschenfiguren, Reiter und vierrädrige Wagen mit Zugtieren. Tiefe Einblicke in den Totenkult sind dadurch gegeben, dennoch bleibt vieles der Kultur der Kelten weiterhin im Dunkeln.

Weitere Attraktionen dieser Reise in die Vergangenheit sind die Fürstenhalle, der Heilige Hain, das Gräberfeld, Wehrturm und Wehrgang, die Verbrennungshalle und die antike Weltkarte. Europaweit einzigartig ist der Fund eines prunkvollen Totenwagens aus Blei. Diese Jenseitsfahrten hatten Bedeutung als Reise in das Land ohne Wiederkehr. Besondere Aufmerksamkeit allerdings verlangt die elegante Statue der Muttergottheit Noreia Isis, für die ein heiliger Hain nachgebaut wurde. Die Fruchtbarkeitsgöttin hatte Macht über Leben und Tod.

**Adresse** Bergweg 22, 9232 Frög bei Rosegg, www.keltenwelt.at | **ÖPNV** vom Haupt-bahnhof Klagenfurt mit dem Zug nach Lind / Rosegg, weiter mit Bus 5329 nach Rosegg Ort | **Anfahrt** Abfahrt Velden West von der A 2 Richtung Villach, Abzweigung Rosegg | **Öffnungszeiten** Juli und Aug. 10 – 18 Uhr | **Tipp** Ende August werden jährlich die Keltenspiele veranstaltet. Jedes Jahr gibt es für das Fest ein Motto, um das Leben der Zeit nachvollziehbar zu machen.

# 99 Das Labyrinth

*Der Irrgarten hinter dem Schloss*

Das längste Labyrinth Österreichs steht nicht in einem Vergnügungspark, sondern wurde 2001 in Rosegg eingerichtet. Der Irrgarten ist ein botanisches Meisterstück. Auf einer Fläche von 2.400 Quadratmetern wurde aus 3.000 Hainbuchen eine Hecke gepflanzt. Im Inneren des verwirrenden Gartens steht ein Holzturm, um den sich der 1.000 Meter lange lebende Zaun anordnet. Der Turm ist Zentrum und Zielpunkt auf dem Irrweg. Für die Familien im Labyrinth ist er der unverzichtbare Orientierungspunkt, damit die Eltern ihre Kleinen wieder unbeschadet aus dem Garten herauslotsen können – oder auch umgekehrt. Von dort oben hat man den notwendigen Überblick, um den Weg zu finden. Über eine Brücke kann man den Irrgarten dann wieder verlassen – mit dem Wissen um die eigene Orientierungslosigkeit.

Die Geschichte der Labyrinthe reicht weit zurück. Schon Ariadne half Theseus, einen Weg aus den Tiefen des Labyrinths des Minotaurus zu finden. Richtig in Mode kam der Irrgarten als Motiv der Gartengestaltung im 17. und 18. Jahrhundert. Speziell in England wurde diese Mode gepflegt.

Aber auch in Österreich entstanden botanische Irrgärten. Der prachtvollste wurde im Garten von Schloss Schönbrunn errichtet. Ob in der historischen Gartenanlage des Schlosses in Rosegg ein Labyrinth stand, ist nicht überliefert.

Sehenswert ist auch das Schloss Rosegg selbst, das 1772 vom Fürsten Orsini-Rosenberg für seine italienische Geliebte erbaut wurde. Seit 1831 befindet es sich im Besitz der Familie von Liechtenstein. Fürst Johannes von Liechtenstein erwarb die Anlage von Peter Ritter von Bohr, der im Ruf stand, ein ambitionierter Geldfälscher zu sein. Auf dem geschichtsträchtigen Areal nahe dem Schloss befindet sich Kärntens größter Tierpark mit dem Blick auf die Burgruine Rosegg und der 1830 angefertigten Tierparkmauer. Hier sind 400 unterschiedliche Tiere anzutreffen.

Adresse Schloss und Tierpark, Schloss Rosegg 1, 9232 Rosegg, www.rosegg.at | ÖPNV vom Hauptbahnhof Klagenfurt mit dem Zug nach Lind / Rosegg, weiter mit Bus 5329 nach Rosegg Ort | **Anfahrt** Abfahrt Velden West von der A 2 Richtung Villach, Abzweigung Rosegg | **Öffnungszeiten** Mai – Okt. 10 – 17.30 Uhr | **Tipp** Wer in Rosegg ist, sollte einen Blick ins Wachsfigurenkabinett werfen und sich danach oder davor im hübschen Schlossgartencafé entspannen.

# 100__ Der Kathreinkogel

*Zeitreise durch die Jahrtausende*

Ob Osternacht-Wallfahrt oder Kulturwanderung in die römische Zeit, der Kathreinkogel eignet sich in beiden Fällen als Ziel. Liebevoll als »Kogel« bezeichnet, hebt er sich als spitze, bis oben hin bewaldete, weit sichtbare Pyramide über den See. Auf der Spitze des 772 Meter hohen Berges genießt man den herrlichen Rundblick vom Wörthersee bis ins Rosental. Der Kathreinkogel erhebt sich zwischen Schiefling am Wörthersee und St. Egyden an der Drau.

Archäologische Funde bezeugen, dass dieses Gebiet über einen Zeitraum von drei Jahrtausenden sowohl von Jägern und Sammlern des Mesolithikums als auch von neolithischen Bauern besiedelt war. Eine Siedlung aus der Spätbronzezeit, 1300 – 800 vor Christi, wurde ebenfalls entdeckt.

Auf dem Gipfelplateau steht ein Kastell mit frühchristlicher Saalkirche aus dem 4. Jahrhundert nach Christi und die mächtige, auf den Felsen gebaute Wehranlage. Als einer der Höhepunkte dieser Zeitreise gilt eine 80.000 Liter Niederschlagwasser aufnehmende Zisterne. Innen ist sie mit Kalk und Ton verputzt. Wie ein großer Deckel über einem tiefen Spargelkochtopf wurde 1986 ein kleines Museum auf den Römerbrunnen gebaut. Im Nordtrakt bezieht das »Haus der Archäologie« zu Grundfragen der europäischen Menschheitsgeschichte Stellung. Im wesentlich interessanteren Südtrakt findet sich ein Querschnitt der am Kathreinkogel und auf dem Gräberfeld von Frög / Rosegg ergrabenen Funde. Glasscherben, Keramik, Pfeilspitzen, Fibeln geben Einblick in die Lebenswelt lang vergangener Kulturen. Eine ausführliche Dokumentation informiert über die archäologischen Arbeiten.

Um den Kogel ranken sich einige Sagen. In seinem Inneren soll eine Riesenschlange mit menschlicher Seele auf ihre Erlösung warten. Eine andere Legende berichtet von einem Rittergeschlecht, das auf dem Bergplateau ein prächtiges Schloss besessen haben und über weite Teile des Landes geherrscht haben soll.

**Adresse** Pyramidenkogelstraße 150, 9535 Schiefling am See | **ÖPNV** vom Hauptbahnhof Klagenfurt mit Bus 5316 nach Farrendorf | **Anfahrt** Abfahrt Velden West von der A 2, Abzweigung Richtung Villach, dann nach rechts Richtung Keutschach und weiter nach Augsdorf; beim Kreuzwirt parken und 30 Minuten zu Fuß | **Öffnungszeiten** Mai–Okt. 10–16 Uhr | **Tipp** Wissen Sie, wo Alban Berg seine Oper »Lulu« geschrieben hat? Genau, in der Nähe von Schiefling – und genauer noch, im Waldhaus am See, in Auen, Bergweg 22. Eine Büste vor dem Gemeindeamt in Schiefling erinnert daran.

# 101 _ Der Forstsee

*Ein pures Naturparadies*

Der naturbelassene Forstsee liegt zwischen Pörtschach und Velden in der Gemeinde Techelsberg am Wörthersee. Neben dem Partytempel »Fabrik« in Saag geht es die Anhöhe hinauf. Der See mit dem glasklaren Wasser ist seit Jahren Treffpunkt von Liebespärchen in jeder geschlechtlichen Kombination, außerdem von Singles, Eltern mit Kindern und von Leuten mit Hunden. Die Nordseite des Sees ist vor allem Familien vorbehalten, da es sehr flach ins Wasser hineingeht. Es ist leicht, ein idyllisches Fleckchen in einer Bucht zu finden. Der gehässige Name »Schweinebucht« bezeichnet den Gay-Bereich an der Südwestseite. Jedem ist es frei überlassen, ob er in Bademontur oder nackt in die Fluten steigt. Es gibt keine Gaststätte hier, jeder muss sich sein Jausenpaket und seine Getränke selbst mitbringen. Umkleidekabinen wird man auch nicht finden, dafür eine einzige Toilettenanlage, die für alle Badegäste wohl ein wenig knapp wird. Dafür ist der Eintritt kostenlos.

Das Gebiet ist sowohl für Wanderer als auch für Biker zu empfehlen. Der See schillert blau, wie der Himmel über ihm, oder grün wie der ihn umgebende Wald. Einige schöne Spazierwege um den See laden bekleidet oder unbekleidet zur gemütlichen Wanderung ein. Am Westufer liegt ein denkmalgeschütztes Stück einer antiken Straße.

Auch bei den Fischern ist die Westseite des Gewässers sehr begehrt. Es finden sich Bachsaiblinge, Karpfen, Hechte, Zander, Welse, Rotfedern, Rotaugen, Schleien, Flussbarsche und auch Edelkrebse. Und nicht zu überhören sind die tollkühnen Sprünge der Klippenspringer. Mit seiner Fläche von 29 Hektar ist es ein kleiner See. Die Qualität des Wassers hat einen hohen Standard, auch wenn einige behaupten, andere würden frisch vergnügt während des Schwimmens pinkeln. Das einzig Künstliche ist die Druckrohrleitung, die den See mit dem Schaukraftwerk der Kelag unten am Wörthersee verbindet.

**Adresse** Forstsee, 9212 Techelsberg | **ÖPNV** vom Hauptbahnhof Klagenfurt mit dem Zug nach Pörtschach und dann weiter mit Bus 5179 bis Haltestelle Bad Saag / Fabrik | **Anfahrt** Abfahrt Pörtschach West von der A 2 Richtung Velden, abbiegen beim Schaukraftwerk | **Tipp** Wenige Kilometer nördlich liegt die Ortschaft Köstenberg. Dank der Ruine der »schwarzen Burg«, dem geschichtsträchtigen Friedhof und den Aktivitäten des slowenischen Kulturvereins zahlt sich ein Besuch im Ort immer aus.

# 102 — Das Haubentaucher-Schilf

## *Das Leben am Ufer und unter Wasser*

Der Wörthersee ist nicht nur für seine touristischen Attraktionen bekannt und beliebt. Wer sich für die Natur um und im See interessiert, ist hier ebenfalls an der richtigen Adresse. Der See ist streckenweise von einem dichten Schilfgürtel umgeben. Diese Flächen sind die idealen Brutplätze für die im See ansässigen Haubentaucher. Aufgrund der fortschreitenden Gewässerzerstörung zählt dieser Vogel mittlerweile zu den gefährdeten Tierarten. Deshalb ist es umso bemerkenswerter, dass auf dem Wörthersee zwischen 80 und 100 Paare eine Heimat gefunden haben. Jedes Frühjahr ziehen sie sich in die schilfigen Uferlandschaften zurück, um ihre Jungen aufzuziehen. In den äußeren Schilfzonen, wie dem Ufer zwischen Pörtschach und Velden, bauen sie im beginnenden Frühling ihre Schwimmnester. Über die Generationen haben sich die sonst scheuen Vögel so sehr an die Menschen am See gewöhnt, dass schon manch ein Schwimmer unerwartet in der Gesellschaft einer Haubentaucherfamilie seine Runden gezogen hat.

Am gegenüberliegenden Seeufer spielt sich währenddessen ein richtiges Naturschauspiel ab. Zahllose Mairenken versuchen, gegen den Strom des in den See einmündenden Reifnitzbaches anzuschwimmen, um ihre Brutplätze zu erreichen. Dieses Unterfangen ist nur mit dem Laichverhalten der Lachse vergleichbar.

Noch verborgener liebt es die harmlose und ungiftige Würfelnatter, und sie tut wohl auch gut daran. Mittlerweile auf der roten Liste der gefährdeten Tierarten, ist diese Schlange auf dem Land nur in Wassernähe anzutreffen, oder in den Tiefen des Sees, wo sie auf der Jagd nach kleinen Fischen ist. Vor dem mächtigen Wels nimmt dieses menschenscheue Wesen sicher Reißaus. Dieser Fisch erreicht eine Länge von zwei Metern und ist mit seinem grimmigen Äußeren so etwas wie der König des Wörthersees und begehrtes Angelobjekt.

**Adresse** Saag 13, 9212 Techelsberg | **ÖPNV** vom Hauptbahnhof Klagenfurt mit dem Zug nach Pörtschach, weiter mit Bus 5179 bis Haltestelle Bad Saag/Fabrik | **Anfahrt** Abfahrt Pörtschach West von der A 2 Richtung Velden, Parkplatz nach der Unterführung bei der »Fabrik« | **Tipp** Wer Infos zum Fischen am Wörthersee braucht und die dazugehörige Fischerkarte erwerben möchte, ist beim Fischertreff Falle in Klagenfurt richtig: Tel. +43(0)463/504153.

# 103 Das Schaukraftwerk

*Jugendstil und Strom*

Wie kommt der Strom vom Berg ins Tal und danach auch noch in die Steckdose? Im Schaukraftwerk Forstsee werden die Antworten auf diese Fragen gegeben, und das in einer wunderbaren Atmosphäre. Umgeben vom blauen Wörthersee und den grün bewaldeten Bergen befindet sich das Kraftwerk in einer Jugendstilvilla des Architekten Franz Baumgartner, der einer der bedeutendsten Vertreter der Wörthersee-Architektur ist. Baumgartner hat hier, wie auch in den anderen von ihm geplanten Villen rund um den See, internationale Trends und regionale Tradition vermischt. Er verwendete Bruchsteinsockel mit Steinen aus Pörtschacher Steinbrüchen, Holz in Kombination mit grob verputztem Mauerwerk. Die Resultate sind beachtlich und von internationalem Ruf. Schon dieser Umstand allein wäre ein hinreichender Grund, das Haus zu besichtigen.

Das Krafthaus, das direkt zwischen Pörtschach und Velden liegt, ist 1925 als erstes Speicherkraftwerk in Kärnten in Betrieb gegangen. Seit einiger Zeit steht das sehenswerte Gebäude mit dem roten Dach unter Denkmalschutz.

Im Jahr werden hier in etwa erstaunliche drei Millionen kWh Strom erzeugt und eine Leistung von 2,4 MW geboten. Gespeist wird es vom Forstsee, der 160 Meter über dem Wörtherseeniveau liegt. Über eine lange Druckrohrleitung wird das Wasser direkt zum Krafthaus befördert. Große Tafeln informieren die ganze Familie über die Anlage und erklären anschaulich die Erzeugung von Strom. Interessant sind auch die großen, glänzenden Maschinen aus Edelstahl und die Emailwand des bekannten einheimischen Künstlers Giselbert Hoke.

Seit 1998 ist das Krafthaus Forstsee als Schaukraftwerk öffentlich zugänglich. Den Besuchern wird dabei nicht nur gut aufbereitete Information geboten. Im zugehörigen Café »Ampere« und im romantischen Park am Seeufer kann man bei einem kleinen Imbiss auch das großartige Panorama bewundern.

**Adresse** Saag 15, 9212 Techelsberg, Tel. +43 (0)463/5251429 | **ÖPNV** vom Hauptbahnhof Klagenfurt mit dem Zug nach Pörtschach, weiter mit Bus 5179 bis Haltestelle Bad Saag/ Fabrik | **Anfahrt** Abfahrt Pörtschach West von der A 2 Richtung Velden | **Öffnungszeiten** Mai–Sept. Di–So 10–18 Uhr, Juli und Aug. täglich | **Tipp** Hier gibt es nicht nur das Erlebnis Stromerzeugung: Jedes Jahr finden Ausstellungen, Konzerte und unterschiedliche Performances statt. Besonders beliebt sind die sommerlichen Vernissagen. Neben Kunst wird dabei auch die unverwechselbare Seeatmosphäre genossen.

# 104_ Das Tschahonig Kreuz
*Wegkreuz zum Himmel*

Wer durch Kärnten fährt, durch die Umgebung um Klagenfurt und den Wörthersee, dessen Blick wird immer wieder von den unterschiedlichsten Marterln gefangen genommen.

»Marterl« ist ein Begriff aus dem Volksmund. Er kommt aus dem alpinen Sprachgebrauch und bezeichnet einen sogenannten Blutzeugen eines Unglücksfalls. Es sind Erinnerungssäulen oder Erinnerungskreuze an besonderen Orten, an denen etwas Grauenvolles passierte. In früheren Zeiten, als es noch nicht für alle selbstverständlich war, lesen zu können, konnte man über das Bild am Marterl die Erinnerung an das Unglück wachhalten und zum Fürbittengebet für den Verstorbenen einladen. Ob es ein Unfall auf dem See war, in den Bergen, auf der Straße oder sonst ein Vorkommnis, bei dem jemand zu Tode kam, das Marterl mahnt an dieser Stelle die Vorbeikommenden zum kurzen Innehalten und Gedenken. Dadurch unterscheidet es sich vom Wegkreuz, das stets an der Gabelung zweier Straßen vorzufinden ist.

Ursprünglich entstanden Marterln aus den Sühnekreuzen. Seit dem 17. Jahrhundert tauchen sie vermehrt auf, wurden aber in der Zeit der Aufklärung verboten und zerstört. Ende des 19. Jahrhunderts entstanden neue Marterln. Der alten Tradition folgend, werden heutzutage schlichte Holzkreuze am Ort des Unglücks angebracht.

Das Tschahonig Kreuz in St. Martin am Techelsberg über Pörtschach ist mit einer Höhe von acht Metern und einer Tabernakelbreite von zwei Metern Kärntens beeindruckendster spätgotischer Bildstock. Das Dach ist mit Fichtenschindeln gedeckt, leider sind die erlesenen gotischen Fresken, datiert Ende des 15. Jahrhunderts, durch Witterung und Zeit verblasst. Es steht unter Denkmalschutz. Der Legende nach wurde an dieser Stelle an einem bestimmten Tag um Mitternacht ein Schatz gefunden. Also ist das Marterl in diesem Fall ein Zeitzeuge des Glücks und nicht des Unglücks.

**Adresse** St. Martin am Techelsberg / St. Bartlmä, 9212 Techelsberg | **ÖPNV** vom Hauptbahnhof Klagenfurt mit dem Zug nach Pörtschach, weiter mit Bus 5321 bis Haltestelle Tschahonig Kreuz | **Anfahrt** Abfahrt Pörtschach West von der A 2 nach Techelsberg, an der Kreuzung St. Bartlmä, Arndorf steht der Bildstock | **Tipp** Wer so nahe an St. Martin am Techelsberg ist, muss sich die Pfarrkirche aus dem 14. Jahrhundert ansehen. Neben dem Pörtschacher Marmor am Boden sind es die Fresken, die bei der Renovierung 1981 freigelegt wurden, und das Glockenspiel, die den Besucher staunen lassen.

# 105__Augsdorf/Loga vas

*Die kleine Andacht über dem Wörthersee*

Augsdorf, das auf einem Höhenrücken in der Westbucht des Wörthersees liegt, ist vielen Kärntnern noch bekannt aus den Tagen des Sturmes auf die deutsch-slowenischen Ortstafeln. Hier wie in anderen Gemeinden Kärntens wurde in der Nacht vom 10. auf den 11. Oktober 1972 die zweisprachige Ortstafel gewaltsam entfernt.

Bevor man zur Pfarrkirche »Maria Rosenkranzkönigin« kommt, erreicht man den Ende des 18. Jahrhunderts erbauten Pfarrhof. Er ist mit seinem roten Walmdach ein ansehnliches Gebäude, mit einem schönen spätbarocken Portal. Auch der Bildstock aus dem 16. Jahrhundert, welcher der Sammelplatz der Wallfahrer war, passt ins idyllisch-ländliche Ambiente.

Die ehemalige Wehrkirche ist an drei Seiten von einem Graben umgeben, an die vierte grenzt der Anfang des 18. Jahrhunderts angelegte Friedhof. Der Altar wurde von Bischof Roman I. von Gurk im Jahre 1162 geweiht.

Die Siedlung dürfte um einiges älter sein, da man altslawische Gräber gefunden hat. Der Westturm wurde zur Zeit der Türkeneinfälle im 15. Jahrhundert zur Befestigung dazugebaut, als Leuchtturm im Sturm der Jahre. Das Mittelschiff ist romanisch mit Tonnengewölbe, Chor und Seitenschiffe sind gotisch. Mitte des 17. Jahrhunderts wurde die Kirche barockisiert, ausgebaut und zu einer Wallfahrtskirche gemacht. Ein schmiedeeisernes Grabkreuz, um 1720, befindet sich an der Westseite.

Als besondere Sehenswürdigkeit gelten die barocken Altäre: Rosenkranzhochaltar »Maria Schutz«, der Seitenaltar »der Josefstod« und der St.-Michaels-Altar mit den Heiligen Katharina, Barbara und Michael. In der Mittelnische des schönen mit Akanthus geschmückten Hochaltars befindet sich eine Schutzmantelmadonna. Die Kreuzigungsgruppe an der Turmsüdwand geht auf den Maler Peter Markovič zurück. Im Turm hängen, neben anderen, eine Marienglocke von 1453 und die große Glocke aus dem Jahre 1687.

**Adresse** Oberer Kirchenweg 9, 9220 Velden | **ÖPNV** vom Hauptbahnhof Klagenfurt mit dem Zug nach Villach, weiter mit Bus 5316 nach Augsdorf | **Anfahrt** Abfahrt Wernberg von der A 2 Richtung Velden, Abzweigung Landstraße 47a | **Tipp** Ein Stück in Richtung See befindet sich das architektonische Kleinod dieser Gegend: die Villa Ast, erbaut vom Stararchitekten des Jugendstils – Josef Hoffmann. Die Villa befindet sich in der Ortschaft Auen mit einem Treppenzugang zum See.

# 106 Die Feidigs Keusche
*Das Knusperhäuschen am Moorsee*

Keusche bedeutet im heutigen Sprachgebrauch ein verfallenes oder im Verfall begriffenes Gebäude, also auch eine armselige, baufällige Hütte. Bis ins 19. Jahrhundert bezeichnete das Wort eine kleine, eher heruntergekommene bäuerliche Behausung, die vom »Keuschler« bewirtschaftet wurde. In der Kärntner Mundart wird Keusche »Keischn« und Keuschler »Keischla« ausgesprochen.

Direkt im Landschaftsschutzgebiet über Velden am Wörthersee liegt die »Feidigs Keusche«. Ein romantischer Gastgarten befindet sich daneben, nur wenige Meter von einem von Schilf umgebenen idyllischen Moorsee entfernt. Der verborgene kleine See ist eine Spur kühler als der Wörthersee im Tal. Er trägt den Namen Jeserzer See, wird im Volksmund aber Saissersee genannt. An heißen Sommertagen verzaubert die natürliche Schönheit des Moorbads geradezu. Man taucht in eine andere Welt ein, in der die Zeit angehalten scheint. Es ist ein wunderbarer Ort, mitten in der Natur, umgeben von Wiesen, Wäldern und Hügeln. Das liest sich nicht nur wie ein Geheimtipp am Wörthersee, das ist es auch.

Anfang des 17. Jahrhunderts wurde die »Feidigs Keusche«, also das ursprüngliche Haus, gebaut, das den Spitznamen »Knusperhäuschen« erhielt. Ab 1856 gab es den Gastbetrieb. Danach wurde eine Jausenstation errichtet und 1950 die Veranda, das »Salettl« (Seehof genannt), dazugebaut. Seit 1981 ist es nun möglich, hier Fremdenzimmer zu bekommen, mit direktem Blick auf den verträumten Moorsee.

Nicht nur den Hausgästen werden die kulinarischen Köstlichkeiten serviert, Wanderer und Tagesgäste können à la carte schmausen. Das Gasthaus ist ein traditionelles Familienunternehmen. Seit Generationen führen die Feidigs, Tassottis und Joainigs den Betrieb und halten an den Bräuchen ihrer Vorfahren fest. Die sehr guten Speisen sind eine kreative Mischung aus alteingesessener Kochkunst und moderner Inspiration.

**Adresse** Saisserseeweg 10, 9220 Velden, www.gasthof-feidig.at | **ÖPNV** vom Hauptbahnhof Klagenfurt mit dem Zug nach Velden, weiter mit Bus 5321 bis Saissersee | **Anfahrt** Abfahrt Velden West von der A 2 Richtung Klagenfurt; vor der Apotheke Abzweigung Köstenberger Straße, an deren Ende in die Oberjeserzer Straße und dann zum Saissersee | **Öffnungszeiten** täglich 9–24 Uhr | **Tipp** Badevergnügen in einem Almsee direkt über der Wörthersee-Metropole Velden: Das bietet der Saissersee. Am Wasser laden kleine Badestege und Liegewiesen zum Wohlfühlen ein.

# 107__ Die MS Windsor

*Mondscheinfahrten und Piratenreisen*

Seit dem Sommer 1996 brausen die Kontiki und seit 2005 die MS Windsor über das türkisgrüne Wasser der Wörtherseebuchten – vorbei an den Villen der Reichen. Mit an Bord sind neugierige und schaulustige Gäste, die mehr über die High Society erfahren und Hintergrundinformationen zu Prominenten erhalten und wissen wollen, wie es als privilegierter Motorbootbesitzer am See so ist. Aber natürlich kommen auch sogenannte Nobeltouristen ohne eigene Yacht auf ihre Kosten. Sie genießen den Tagesausklang in gepflegter Atmosphäre, tiefrote Sonnenuntergänge und Champagner inklusive.

Die MS Windsor ist ein elegantes Schiff in gepflegtem Mahagoni und glänzendem Leder. Der Name ist dabei Programm. Befindet man sich darauf, fühlt man sich ein bisschen so, als wäre die Zeit stehen geblieben. Der 700 PS starke Antrieb verbirgt sich unter ausgewähltem Holz und teuerster Lederausstattung. Der Kapitän des Vorrangschiffes ist diskret wie ein englischer Butler, bestens informiert und weist die Gäste unaufdringlich mit Nachdruck darauf hin, dass sie sich auf dem außergewöhnlichsten Gefährt am See befinden. Seine Aufgabe besteht darin, geheime Orte anzusteuern und seinen Gästen die Besonderheit dieser Plätze näherzubringen. Dem Massentourismus nicht zugängliche Buchten werden ebenso angelaufen wie Hotspots, die man mit gemieteten Booten oder dem öffentlichen Dampferverkehr weder findet noch erreicht. Beeindruckende Hintergründe werden vermittelt, Legenden, die sich um den See herumranken, erzählt. Klar, dass so ein außergewöhnliches Unternehmen auch seinen Preis hat.

Wem nach Abenteuer zumute ist, der ist auf der Kontiki bestens aufgehoben. Und wer schnell von A nach B über den See flitzen will, sollte nach der MS Julika rufen. Verantwortlich für diesen Über-Wasser-Service ist der Hotelier und Besitzer des sagenumwobenen »Leonstain«, Christoph Neuscheller.

**Adresse** Seecorso, gegenüber dem Schlosshotel, 9220 Velden, Kontiki-Schifffahrts-GmbH, Blumenpromenade 1, 9210 Pörtschach, info@kontiki.co.at | **ÖPNV** vom Hauptbahnhof Klagenfurt mit dem Zug Richtung Villach, Haltestellen Velden oder Pörtschach | **Anfahrt** A 2, Abfahrt Pörtschach West nach Velden oder Pörtschach | **Tipp** Der Veldener Weihnachtsmarkt ist in der Adventszeit die größte Attraktion rund um den See und neben dem Casino der große Magnet für die oberitalienischen Gäste in Kärnten.

# 108 Die Schalensteine
*Cupcake-Backformen der Kelten*

Ende des vorigen Jahrhunderts wurden in einem Forststück bei Göriach ob Velden zehn Schalensteine gefunden. An einem idyllischen Ort, einer Quelle über einem Hohlweg, lagen sie wohl jahrtausendelang verstreut. Beschaffen aus grau-grünem Schiefer mit Quarzeinsprengungen, treten sie sowohl als Ansammlung von Vertiefungen in einem Steinblock als auch als Einzelfindlinge auf. Auch in St. Peter am Bichl bei Wölfnitz gibt es Schalensteine, hier befinden sie sich auf dem steinernen Boden des Kircheninnenraumes. Ebenfalls beachtlich ist der Herzstein in Pritschitz-Krumpendorf, der allein 40 Schälchen aufweist.

Da es keine wissenschaftlich fundierte Deutung der Verwendung von Schalensteinen gibt, ist nicht davon auszugehen, dass es sich hierbei um keltische Backformen handelt – auch wenn sie so aussehen. Früheste Funde weisen ins Megalithikum, also in die Kupferzeit des 3. Jahrtausends vor Christi.

Den interessanten Gebilden wurde schon einiges angedichtet. Geheime Land- oder Himmelskarten, mathematische Berechnungen, Schriftsysteme oder Längenmaße. Im Reich der Phantasie angesiedelt dürften auch die Vorstellungen sein, dass die Schälchen als Spermadepots der Jungmänner dienten. Oder als romantische keltische Kerzenhalter für den trauten Abend zu zweit. An Fruchtbarkeits- und Initiationsriten wurde ebenfalls gedacht, da oft phallische Steine in der Nähe gefunden wurden und dadurch auch die Nähe zu den indischen Yoni-Lingam-Darstellungen hergestellt war. Yoni ist der tantrische Begriff für die weiblichen Genitalien, Lingam gilt für die männlichen.

Die Funde der Schalensteine konzentrieren sich auf die Bronzezeit und auf das Hochmittelalter. Heute werden sie als Hexenfallen bezeichnet. Eine Wanderung zu den Schalensteinen rund um den Wörthersee ist zu empfehlen. Nicht nur die Phantasie wird angespornt, auch die Beinmuskeln werden trainiert.

**Adresse** Göriacher Straße 24, 9220 Velden | **ÖPNV** vom Hauptbahnhof Klagenfurt mit dem Zug nach Velden und zu Fuß Richtung Forstseestraße | **Anfahrt** Abfahrt Velden Ost von der A 2; in Velden die Abzweigung Koschatstraße nehmen, danach in die Kranzlhofenstraße und nach der Autobahnunterführung in die Göriacher Straße rechts abbiegen | **Tipp** In der Gemeinde Dröschitz nördlich von Velden ist ein friedliches Nebeneinander der Geschichte anzutreffen. In der kleinen Kirche mit einer schönen Holzmalerei in der Vorhalle findet sich auch ein Opfertisch mit Schalenstein.

# 109__Das Seeschlössl

*Das beste Katerfrühstück nach der Fête Blanche*

Wer nach einer durchtanzten Nacht ein ausgedehntes Katerfrühstück mit einem herrlichen Ausblick auf den morgendlichen Wörthersee genießen möchte, ist im Veldener Seeschlössl am richtigen Ort. In dem hübschen Strandhotel, im Stil der Wörthersee-Architektur des beginnenden 20. Jahrhunderts, wird Kulinarik großgeschrieben. Sommerfrische ist hier nicht nur ein Wort, sie wird im althergebrachten Sinn im idyllischen Naturpark mit dem 60 Meter langen Ufer ganz einfach gelebt.

Freundliches Personal bewirtet etwas zerstreut die Gäste. Nach einer abenteuerlichen Fête Blanche mag das natürlich nicht allzu sehr ins Gewicht fallen. Stärkung ist angesagt. Jetzt geht es nicht darum, ob Ei oder Schinken vergessen wurden, einzig die qualitativ hochwertige und kalorienreiche Nahrungsaufnahme ist von Bedeutung. Das sensationelle Frühstück, eher ein Brunch, bestehend aus frischem Obst, einer bemerkenswerten Auswahl an unterschiedlichsten Früchten, Gebäck, Eiern, Schinken, Salami, Käse, Lachs, Schweinsbraten – hauchdünn geschnitten –, Joghurt, Marmeladen, Säften und Prosecco, wird zur Seeseite hin auf einer kleinen Terrasse oder dem gekiesten Vorplatz mit Korbmöbeln, inmitten von Rosenhecken, mit Blick auf den See stilgerecht serviert. Unter dem leicht abfallenden Rasen schillert der See, je nach Wetter, in allen erdenklichen Farbnuancen zwischen Grün und Blau. Unten am Wasser befindet sich ein altes hölzernes Boots- und Badehaus mit einem großen Schwimmfloß.

Diese wahre Augenweide der Natur, eigentlich eine Erholungsoase, lässt das hektische Treiben der alljährlichen Fête Blanche in den Hintergrund treten. Seit den 70er Jahren des vorigen Jahrhunderts findet dieses Event traditionell am letzten Freitag im Juli statt. In Konkurrenz dazu befinden sich die Fete Leon, die in der ersten Juliwoche gefeiert wird, und die Fete Noir, Mitte Juli in der Fabrik, dem »Drop In«.

**Adresse** Klagenfurter Straße 34, 9220 Velden, www.seeschloessl.at | **ÖPNV** von Klagenfurt mit Bus 5179 bis Haltestelle Velden Unterwinklern | **Anfahrt** Abfahrt Velden Ost von der A 2 Richtung Velden | **Öffnungszeiten** ganzjährig, Tel. +43 (0)4274/2824 | **Tipp** »Ein Stück vom Paradies« – damit wirbt das Hotel Villa Miralago in Velden. Sehr bewusst wurde wenig in die historischen Gegebenheiten eingegriffen. Das Ergebnis ist eine stimmige Villa aus der großen Zeit der Wörthersee-Architektur.

# 110_ Das Schloss Damtschach

*Lustwandeln im Park*

Wer einmal im Garten des Schlosses Damtschach war, wird ihn so schnell nicht vergessen. Es ist, als wäre man in einen orientalischen Lustgarten eingetaucht. Wer dabei auch noch das Vergnügen hat, eine Theateraufführung im Freien zu genießen, der hat das große Los gezogen. Alles hier ist festlich geschmückt, die Schleier und Tücher wehen im Wind, und der Duft der alten Rosen lässt tief einatmen.

Anfang des 16. Jahrhunderts wurde Schloss Damtschach erbaut. Seit 1847 befindet es sich im Besitz der Familie Orsini-Rosenberg. Die wunderschöne Parkanlage von Felix Wolfgang Reichsfreiherr Jöchlinger von Jochenstein im englischen Stil mit biedermeierlicher romantischer Ausstattung wurde 1824 errichtet, in Abänderung ihres ursprünglich barocken Erscheinungsbildes. Sie zeichnet sich durch die beabsichtigte Spannung zwischen Natur und Kultur aus. Das anregende Ensemble bietet eine Grotte, Wege, ein Bächlein, Aussichtspunkte, Wald und Wiesen, ein Badehaus, Brücken, Stege, Ruheplätze und eine künstliche neugotische Ruine. In der Gartenmauer finden sich Wappensteine der Khevenhüller aus dem 15. und 16. Jahrhundert. Dieser sensationelle Schlosspark ist die einzige private Gartenanlage Österreichs, die unter Denkmalschutz steht.

Das stimmungsvolle Schloss und der idyllische Park sind lebendige Bühnen der Vielfalt künstlerischer Arbeit. Von Theateraufführung bis zu Dialogen wird vieles angeboten. Das Hauptgebäude der Schlossanlage ist ein barocker Bau mit drei Flügeln. Der Osttrakt öffnet sich in Richtung der Parkanlage. Nord- und Westflügel wurden im 16. Jahrhundert erbaut. Sehenswert ist auch der kleine Wandbrunnen aus Marmor mit Engelsköpfen im Hof, der aus dem Jahr 1600 stammt. Der 1431 urkundlich erwähnte kirchliche Vorgänger wurde von Gräfin Maria Isabella Galler zwischen 1684 und 1695 durch den heutigen Schlosskirchenbau im Süden der Schlossanlage ersetzt.

**Adresse** Schloss Damtschach, 9241 Wernberg, www.damtschach.at | **ÖPNV** vom Haupt-
bahnhof Klagenfurt mit dem Zug nach Villach, weiter mit Bus 5181 nach Damtschach |
**Anfahrt** Abfahrt Wernberg von der A 2 Richtung Velden, Abzweigung Landstraße 47a |
**Öffnungszeiten** Sa und So 10–19 Uhr | **Tipp** Auch wenn die künstliche Ruine eindeutig
die Hauptattraktion in Damtschach ist, lohnt sich ein Blick auf den Friedhof mit den fast
lebensgroßen Schnitzfiguren in der Nischenkapelle.

# 111 Der schwarze Christus

*Krankenheilung durch Handauflegung*

Der Kraftort, auf dem das Kirchlein steht, ist wohl mitverantwortlich für seine Geschichte. Schon in vorkeltischer Zeit gab es hier eine Kultstätte. Zur Römerzeit befand sich an diesem Ort ein Tempel der keltischen Göttin »Junonae«.

Am Fuße des 733 Meter hohen Sternberges führte die Römerstraße von Aquileja nach Virunum vorbei. Christen bauten häufig auf alten Ritualplätzen ihre Kirchen, da sie um die Kraft und Magie dieser Orte wussten. Auch heute noch werden einmal im Monat Kranke zu einem speziellen Bittgottesdienst eingeladen. Nach der heiligen Messe ist das Handauflegen durch den Priester ein Ritual der besonderen Art, das an das magische Zeitalter der Wunderheilungen gemahnt.

Die Pfarrkirche ist im gotischen Stil erbaut. Teile aus der romanischen Zeit haben sich erhalten. Im Mauerwerk findet man römische Steine. Faszinierend für den Besucher des Kircheninnenraumes präsentiert sich auf der linken Seite ein Fresko, das Maria zeigt, die ein schwarzes Jesuskind im Arm hält. Schwarzen Madonnen und schwarzen Jesuskindern wurde immer schon Macht zugeschrieben, erinnerten sie doch an Zeiten, in denen Fruchtbarkeitsgöttinnen häufig schwarz dargestellt wurden. Heutigen Forschungsresultaten nach hatten die Künstler mit einer Eisen-Kupfervitriol-Mischung diese schwarze Farbe erzeugt. Unter der Überpinselung war die Haut des Jesuskinds hell, ein Ärmchen ist heute noch weiß. »Ich bin dunkel, aber schön«: Die Stelle aus dem Hohelied steht als biblische Begründung für die schwarze Farbe.

Die Pfarrkirche von Sternberg wird immer wieder mit der großen Kathedrale Notre Dame in Chartres in Verbindung gebracht. Es wird vermutet, dass ihr Grundriss auf mystische Weise dem der großen französischen Kathedrale gleicht. Ob das »kleine Chartre« ein Kirchlein der Zahlenwunder ist, lässt sich schwer beurteilen, aber der Ausblick ist allemal wunderschön.

**Adresse** Sternberger Weg 44, 9241 Wernberg | **Anfahrt** Abfahrt Velden West von der A 2 Richtung Villach, Abzweigung St.-Georg-Weg und einbiegen in die Sternberger Straße | **Öffnungszeiten** unter Tel. +43 (0)676/87728577 | **Tipp** Von Velden auf dem Weg ans Südufer des Sees liegt Selpritsch mit einer entzückenden gotischen Kirche und einem sehr schönen, reich ornamentierten Hochaltar aus dem Barock.

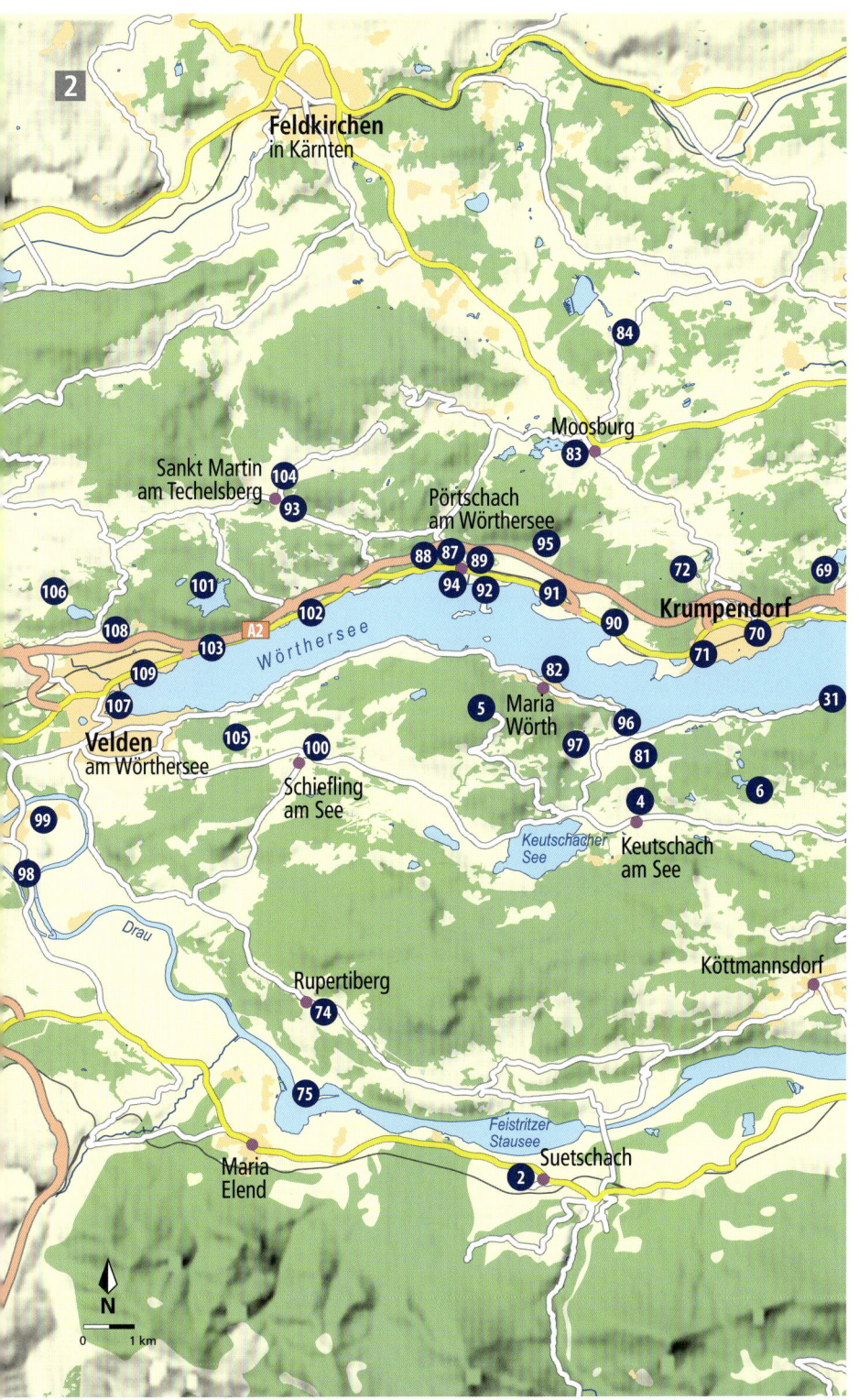

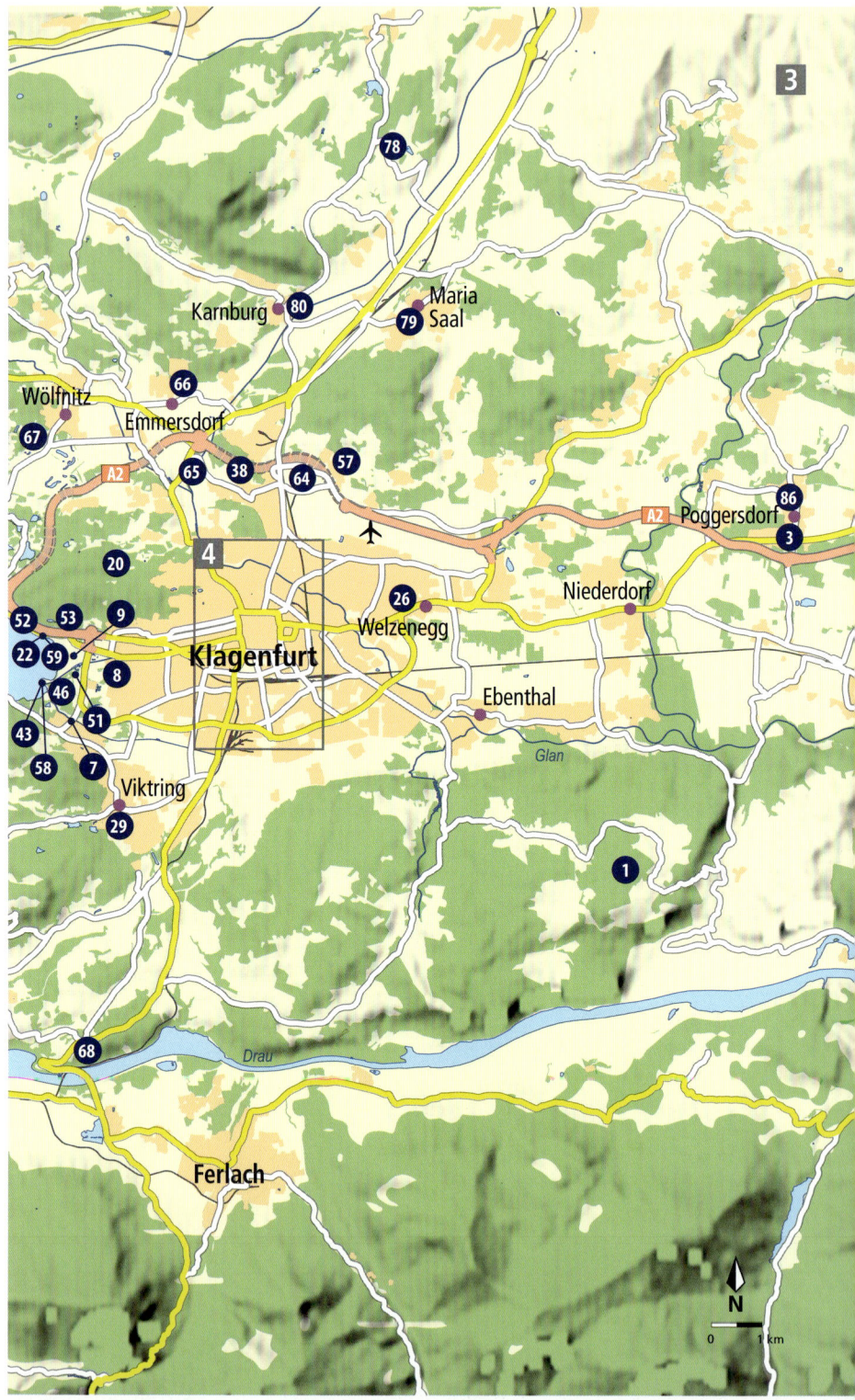

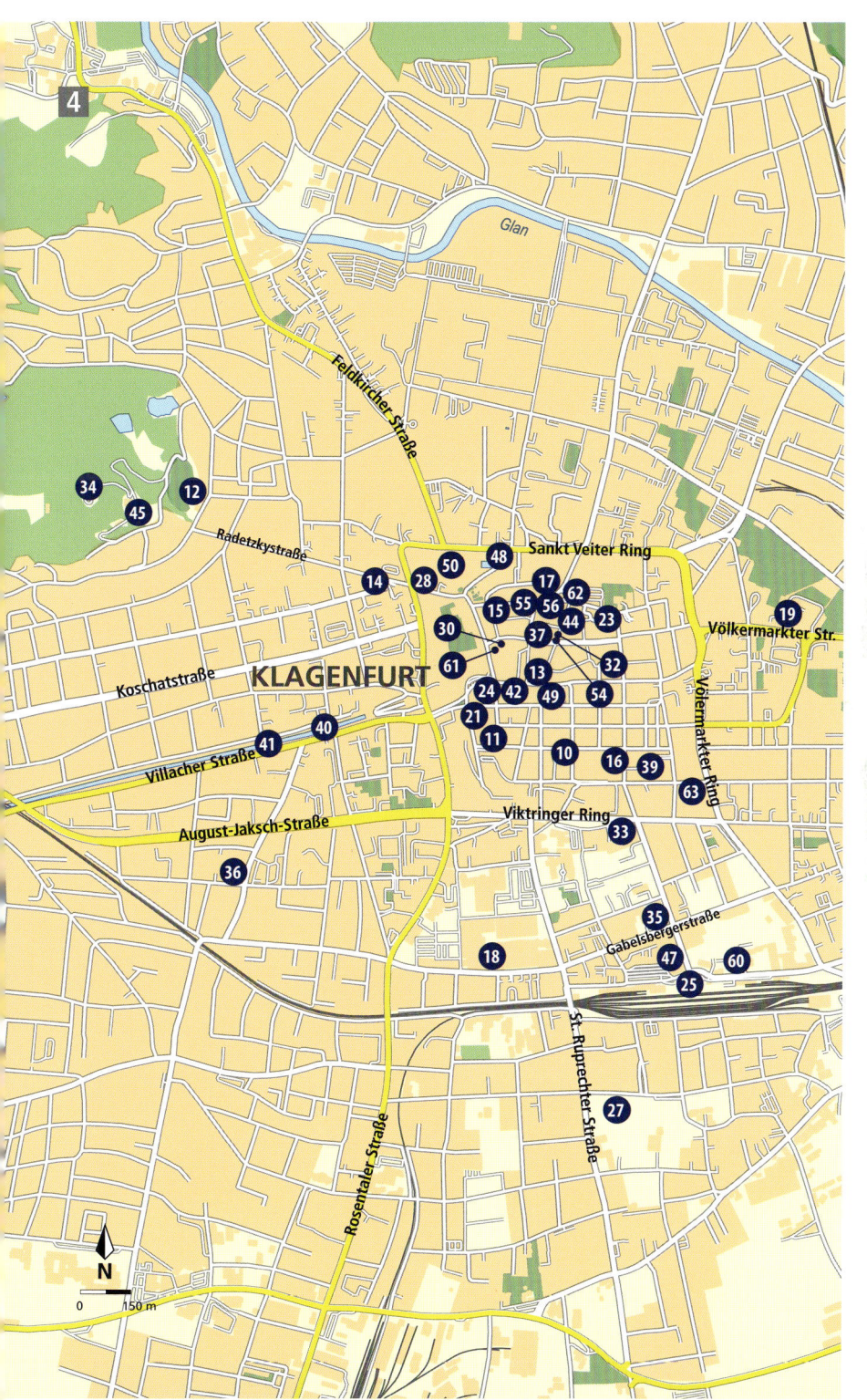

Rüdiger Liedtke
**111 Orte auf Mallorca, die
man gesehen haben muss**
ISBN 978-3-89705-975-7

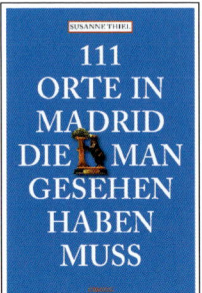

Susanne Thiel
**111 Orte in Madrid, die
man gesehen haben muss**
ISBN 978-3-95451-118-1

Ralf Nestmeyer
**111 Orte in der Provence, die
man gesehen haben muss**
ISBN 978-3-95451-094-8

Peter Eickhoff
**111 Orte in Wien, die
man gesehen haben muss**
ISBN 978-3-89705-969-6

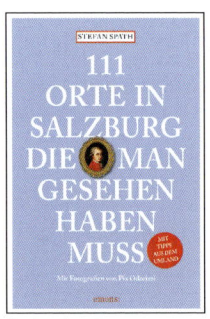

Stefan Spath
**111 Orte in Salzburg, die
man gesehen haben muss**
ISBN 978-3-95451-114-3

Regine Zweifel
**111 Orte in Paris, die man
gesehen haben muss**
ISBN 978-3-89705-823-1

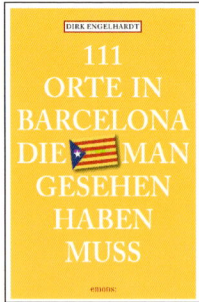

Dirk Engelhardt
**111 in Barcelona, die man
gesehen haben muss**
ISBN 978-3-95451-066-5

John Sykes
**111 Orte in London, die
man gesehen haben muss**
ISBN 978-3-95451-117-4

Annett Klingner
**111 Orte in Rom, die
man gesehen haben muss**
ISBN 978-3-95451-219-5

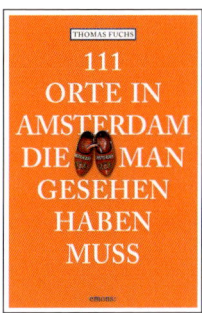

Thomas Fuchs
**111 Orte in Amsterdam, die man gesehen haben muss**
ISBN 978-3-95451-209-6

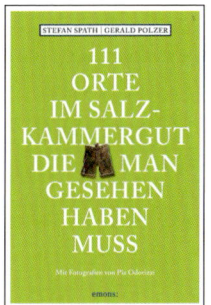

Stefan Spath, Gerald Polzer
**111 Orte im Salzkammergut, die man gesehen haben muss**
ISBN 978-3-95451-231-7

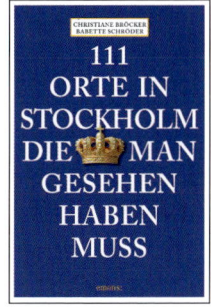

Christiane Bröcker, Babette Schröder
**111 Orte in Stockholm, die man gesehen haben muss**
ISBN 978-3-95451-203-4

Sabine Gruber, Peter Eickhoff
**111 Orte in Südtirol, die man gesehen haben muss**
ISBN 978-3-95451-318-5

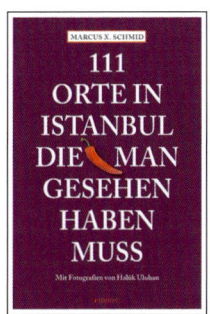

Marcus X. Schmid
**111 Orte in Istanbul, die man gesehen haben muss**
ISBN 978-3-95451-333-8

Gerd Wolfgang Sievers
**111 Orte in Venedig, die man gesehen haben muss**
ISBN 978-3-95451-352-9

Rüdiger Liedtke, Laszlo Trankovits
**111 Orte in Kapstadt, die man gesehen haben muss**
ISBN 978-3-95451-456-4

Eckhard Heck
**111 Orte in Maastricht, die man gesehen haben muss**
ISBN 978-3-95451-368-0

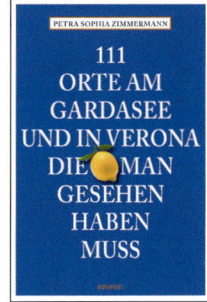

Petra Sophia Zimmermann
**111 Orte am Gardasee und in Verona, die man gesehen haben muss**
ISBN 978-3-95451-344-4

Lucia Jay von Seldeneck,
Carolin Huder, Verena Eidel
**111 Orte in Berlin, die
man gesehen haben muss**
ISBN 978-3-89705-853-8

Bernd Imgrund
**111 Kölner Orte, die man
gesehen haben muss**
Band 1
ISBN 978-3-89705-618-3

Lucia Jay von Seldeneck,
Carolin Huder, Verena Eidel
**111 Orte in Berlin,
die Geschichte erzählen**
ISBN 978-3-95451-039-9

Rike Wolf
**111 Orte in Hamburg, die
man gesehen haben muss**
ISBN 978-3-89705-916-0

Gabriele Kalmbach
**111 Orte in Stuttgart, die
man gesehen haben muss**
ISBN 978-3-95451-004-7

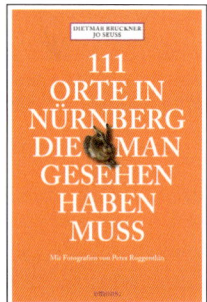

Dietmar Bruckner, Jo Seuß
**111 Orte in Nürnberg, die
man gesehen haben muss**
ISBN 978-3-95451-042-9

Rüdiger Liedtke
**111 Orte in München, die
man gesehen haben muss**
ISBN 978-3-89705-892-7

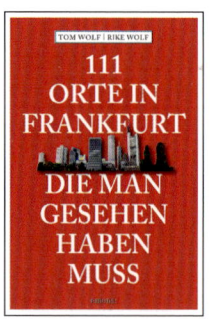

Rike Wolf, Tom Wolf
**111 Orte in Frankfurt, die
man gesehen haben muss**
ISBN 978-3-95451-342-0

Peter Eickhoff
**111 Düsseldorfer Orte, die
man gesehen haben muss**
ISBN 978-3-89705-699-2

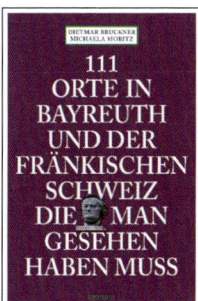

Dietmar Bruckner,
Michaela Moritz
**111 Orte in Bayreuth und der
Fränkischen Schweiz, die man
gesehen haben muss**
ISBN 978-3-95451-130-3

Alexandra und
Jobst Schlennstedt
**111 Orte an der
Ostseeküste, die man
gesehen haben muss**
ISBN 978-3-89705-824-8

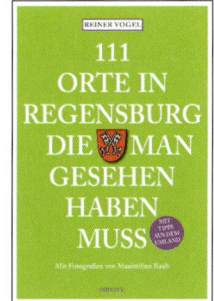

Reiner Vogel
**111 Orte in Regensburg, die
man gesehen haben muss**
ISBN 978-3-95451-054-2

Werner Schwanfelder
**111 Orte in Mittelfranken,
die man gesehen haben muss**
ISBN 978-3-95451-336-9

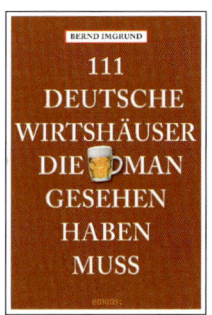

Bernd Imgrund
**111 deutsche Wirtshäuser, die
man gesehen haben muss**
ISBN 978-3-95451-080-1

Cornelia Kuhnert
**111 Orte in Hannover, die
man gesehen haben muss**
ISBN 978-3-95451-086-3

Dietlind Castor
**111 Orte am Bodensee, die
man gesehen haben muss**
ISBN 978-3-95451-063-4

Daniela Bianca Gierok,
Ralf H. Dorweiler
**111 Orte im Schwarzwald, die
man gesehen haben muss**
ISBN 978-3-89705-950-4

Bernd Imgrund
**111 Orte in der Eifel, die
man gesehen haben muss**
ISBN 978-3-95451-003-0

*Die Autorin*

**Andrea Nagele** ist mit Krimi-Literatur aufgewachsen und leitete über ein Jahrzehnt ein psychotherapeutisches Ambulatorium. Neben dem Schreiben betreibt sie eine psychotherapeutische Praxis. Sie lebt mit ihrer Familie in Klagenfurt am Wörthersee.

*Die Fotografen*

**Marion Assam** ist freie Fotografin. Während ihrer Studienzeit in Wien (Architektur und Wirtschaft) entstanden gemeinsam mit **Martin Assam** bereits Reisereportagen und Audiovisionen aus Europa, Afrika und Australien. Heute betreiben sie ein eigenes Studio in Pörtschach und arbeiten ständig für ihr umfangreiches Bildarchiv und für Reise-, Sach- und Jahrbücher sowie Magazine. Bisher erschienen mehrere großformatige Bildbände.